本书由山西省高等学校人文社会科学重点研究基地项目（20200129）资助出版

面向大型装备类产品的保修服务策略建模及优化研究

莫思敏 著

知识产权出版社

全国百佳图书出版单位

——北京——

图书在版编目（CIP）数据

面向大型装备类产品的保修服务策略建模及优化研究 / 莫思敏著 . —北京 : 知识产权出版社 , 2020.12

ISBN 978-7-5130-7399-8

Ⅰ . ①面… Ⅱ . ①莫… Ⅲ . ①制造工业—工业企业管理—保修—商业服务—研究—中国 Ⅳ . ①F426.4

中国版本图书馆CIP数据核字（2020）第271832号

内容提要

本书首先介绍了保修服务的重要性和研究方向,之后着重对保修服务研究方向中的保修服务策略进行了研究;针对大型装备类产品一旦停机将对买方造成巨大经济损失的特点,研究了买方投资产品保修期和全生命周期预防性维修费用,卖方决定预防性维修的执行数量和执行程度的保修服务策略,在此基础上进一步研究了买方和卖方的最优费用模型;同时,研究了适合求解最优费用模型的智能优化算法。本书可为生产大型装备类产品的制造商和使用该产品进行生产作业的下游生产商制定大型装备类产品保修服务策略时提供新的思路。

责任编辑：徐 凡 **责任印制：孙婷婷**

面向大型装备类产品的保修服务策略建模及优化研究
MIANXIANG DAXING ZHUANGBEILEI CHANPIN DE BAOXIU FUWU CELÜE JIANMO JI YOUHUA YANJIU

莫思敏 著

出版发行：	知识产权出版社 有限责任公司	网 址：	http://www.ipph.cn
电 话：	010-82004826		http://www.laichushu.com
社 址：	北京市海淀区气象路50号院	邮 编：	100081
责编电话：	010-82000860转8363	责编邮箱：	laichushu@cnipr.com
发行电话：	010-82000860转8101/8102	发行传真：	010-82000893
印 刷：	北京九州迅驰传媒文化有限公司	经 销：	各大网上书店、新华书店及相关专业书店
开 本：	720mm×1000mm 1/16	印 张：	8.5
版 次：	2020年12月第1版	印 次：	2020年12月第1次印刷
字 数：	150千字	定 价：	45.00元

ISBN 978-7-5130-7399-8

前　言

　　保修服务是卖方确保产品销售不断增长、保证利润的重要环节，也是确保产品能够正常工作，避免故障停机对买方造成经济损失的一种重要服务。用于生产的大型装备类产品一旦停机将给买方造成巨大的经济损失，因此，对大型装备类产品进行保修服务策略研究具有重要意义。

　　本书在分析大型装备类产品特点的基础上，建立了买方投资预防性维修费用、卖方决定预防性维修的执行数量和执行程度的保修服务模型。

　　首先，提出了买方投资保修期内的预防性维修费用的保修模型，通过分析模型获得了双方双赢的区间和保修期内的最优预防性维修策略。

　　其次，提出了买方投资大型装备类产品全生命周期内预防性维修费用的费用折现保修模型，研究了产品的预防性维修分别在保修期、保修期后和产品生命周期三种时期内的维修策略，通过分析模型获得了双方双赢的区间以及三种策略中最优预防性维修策略。

　　再次，针对大型装备类产品，在此保修模型的基础上，对买方和卖方的最优费用进行了研究，构建了满足双赢时，买方和卖方的最优费用模型，通过优化获得了双方的最优费用。

　　最后，为了能更好地求解模型，研究了一个新颖的优化算法，通过理论分析和仿真实验对结构特征及结构和算法性能间的关系进行了分析，证明该算法具有较好的性能。

本书可为生产大型装备类产品的制造商和使用该产品进行生产作业的下游生产商在制定大型装备类产品保修服务策略时提供新的思路，并为之后研究供应链上装备产品整机与部件的保修服务策略提供研究基础。

目　　录

第1章 绪 论

1.1 研究背景和意义

随着知识经济的深入发展，制造业正发生着一场影响深远的变革。制造业企业不仅需要提供质量过硬的产品，而且应该更全面、更深刻地了解客户需求，满足客户需求。这些工作需要由更贴近消费者的服务环节来承担，产品正逐渐由卖方市场向买方市场转变。因此，很多企业开始把目光转向服务领域，产品中服务的比重大大增加。服务化使生产企业获得竞争机会和优势，为企业创造新的商机，是企业实现差异化战略的手段。例如，维修服务已经为制造企业带来了巨大市场，国际上制造企业的维修服务收入在其总收入构成中的比例已经很高。同时，客户需要的服务贯穿于产品的整个生命周期，这延长了企业为客户提供服务的时间，服务作为一种无形资产能带来更多的利润。在这样的情形下，企业正在逐渐从制造业向制造业服务化的方向转变。

保修服务[1]是卖方确保产品销售不断增长、保证合理利润的重要环节，也是确保产品能够正常工作，避免故障停机对买方造成经济损失的一种重要服务。因此，研究保修服务策略对于卖方和买方都是非常必要和重要的。

普通产品的特点是：产品发生故障后，产品故障的维修或产品的更换费用较少，且产品故障停机对买方不会造成较大的经济损失，同时产品的备件很容易获得。而用于钢铁、化工、船舶、航天以及工程机械等重要制造行业的大型装备产品是一类复杂且昂贵的特殊产品[2]。其特点是：

①产品的维修通常由卖方或者第三方进行。

②产品一旦发生故障，会使生产停顿，将给买方造成巨大的经济损失。

③产品故障后的维修费用昂贵，备件准备时间长。

因此，普通产品的保修服务策略将不适用于大型装备类产品。而用于生产的大型装备类产品，一旦停机将给买方造成巨大的经济损失。因此，对大型装备类产品保修服务策略的研究具有重要意义。

1.2　保修服务策略的研究现状

目前，与保修服务相关的研究主要有：

①保修期内保修索赔问题的研究[3]。

②产品定价、生产和保修服务的研究[4]。

③产品设计与保修服务的研究[5]。

④保修服务策略的研究。

本书主要针对产品的保修服务策略进行研究。以下对产品保修服务策略的国内外研究现状进行综述。许多文献从产品类型、产品维修策略及保修合同等不同角度研究了保修服务策略。

维修的类型可分为两类：预防性维修和故障后维修。根据维修类型的不同，保修服务策略可分为故障后维修的保修服务策略[4,5]和预防性维修与故障后维修相结合的保修服务策略[6]。在保修模型中引入预防性维修可以减少卖方的保修费用。同时，由于保修期后，产品的维修费用均由买方来承担，所以保修模型中引入预防性维修可以减少产品故障的次数，从而减少买方的费用。很多文献研究了预防性维修与故障后维修相结合的保修服务策略。预防性维修主要包括计划维修[7-10]和视情维修[11-12]。计划维修是根据时间或者定期地对未失效的系统进行维修。对于机械系统故障的发生与工作时间的延长相关且无法进行监测的机械零部件，可采用此维修方式。它包括周期性的系统检测，零部件的清洗及润滑，以减少系统在使用过程中可能出现的故障，降低系统的停机损失。基于役龄[13]和基于周期性[14]的维修策略是两种常见的计划维修方式。在已知系统失效率和可靠度等条件下，大多采用计划维修策略。其优点是降低了系统发生故障的概率，便于安排维修工作。计划维修广泛应用于产品保修策略的研究中，在一定程度上提高了系统可用度和可靠性，减少了维修支出。文献[15]假定在可修产品的故障率随时间定期增长的情况下，以最小保修费用为目标，通过优化定期预防性维修的数量和程度，获得最优的保修费用。

计划维修的缺点是忽视系统的个体差异，从而导致盲目维修、欠维修或者过维修[16,17]。随着传感技术、监测和诊断技术的快速发展，从20世纪70年代开始，视情维修获得了广泛的关注和应用。视情维修也被称为基于状态的维修，是通过接收到的表征机械系统性能的监测数据，对接收到的监测信息进行分析，获得当前系统的健康状态，在部件出现退化后合理确定系统的维修计划以及维修时间的维修策略[18-20]。其维修决策建立在对系统状态进行实时或间断的监测、诊断、评估和建模的基础上。在系统状态信息间接或直接反映出系统需要维修或接近故障时，选择最优的维修时机对系统进行维修，不仅可以降低维修成本，还可以保证系统的安全性、可靠性和可用度，从而合理有效地权衡安全和经济之间的关系。目前的视情维修策略主要为控制限规则，即对系统进行连续或间断（周期或非周期）的监测，如果发现系统劣化水平或劣化状态达到某一状态阈值，则对系统进行预防性维修。然而，视情维修的产品需要配备故障预测与健康管理系统，因此目前很少有文献研究基于视情维修的保修服务策略。

根据维修的程度，维修可分为三类：小修、完美维修和非完美维修。小修是指系统经过维修后系统能正常运行，但系统退化状态不变；完美维修是指系统经过维修后修复如新；非完美维修是指经过维修后系统状态不能恢复如新，维修之后系统的退化程度与维修之前相比有一定的改善。杜（Do）等[21]分别比较了完美维修和非完美维修效果的视情维修决策建模；许（Sheu）

等[22]和王（Wang）等[23]考虑部件的役龄，进行非完美维修策略建模；多恩（Doyen）等[24]引入"虚龄"的概念建立非完美的维修决策模型；坦瓦尔（Tanwar）等[25]对目前考虑非完美维修效果的维修决策建模进行了综述。同样，保修模型的维修程度常常是小修[26-28]、完美维修[29-31]、小修和完美维修相结合[32-34]以及非完美维修[35-37]。文献[28]从买方的角度构建费用模型，设计了小修和替换策略相结合的可更新保修策略。文献[35]在保修期的产品维修策略中，引入了更具现实意义的非完美维修策略和机会维修策略，构建保修费用模型。

根据购买产品的新旧，保修服务策略研究可分为对新产品的保修服务策略研究[38-40]和对二手产品的保修服务策略研究[41-43]。文献[38]对于新产品采用替换和维修的策略，构建基于产品可靠性、价格和保修策略的保修模型，寻找优化的产品可靠性、价格和保修策略，获得最大利润。对于二手产品，再次出售前，卖方通常对产品进行翻新。通过寻找最优的翻新策略，使得卖方的费用最小，收益最大。文献[41]针对二手产品提出了基于时间和使用率的二维保修策略，通过优化翻新策略，最小化服务费用，即翻新费用和保修费用。沙菲（Shafiee）等[42]针对二手产品提出了四种表示可靠性提高的方法：虚龄方法、提高因子方法、最小化完美维修方法、降级方法。

一些产品发生故障可以通过不同程度的维修恢复，称为可修产品[44,45]。一些产品故障后无法通过维修恢复，只能由同种类的新产品替换，称为不可修产品[46,47]。对于不可修产品的保修服务策略，一般是当产品出现故障后替换一个同保修期长的相同产品。不可修产品被替换后，根据保修期是否发生变化，可分为保修期不变的保修服务策略[48,49]和可更新保修期的保修服务策略[46,50]。可更新保修期的保修模型中，保修期长为一个随机变量。而不可更新保修期的保修模型中，保修期长是一个固定不变的常量。一般对于价格相对较低的产品常采用可更新保修期的保修服务策略。文献[51]针对可修产品，考虑产品在生命周期中的不同可靠性和不同故障模式，分别构建保修服务模型。饶（Rao）[52]针对可修产品研究了一个决策支持的保修服务模型。

根据保修期内产品发生的故障，卖方实行免费还是收费维修，可分为免费保修服务策略[53]、收费保修服务策略[54]以及免费维修和收费维修相结合的保修服务策略[55]。目前，对于保修期内收费维修的保修服务策略的研究相对较少。文献[54]针对不可修产品，构建了基于产品役龄的按比例收费保修服务策略，通过研究最优的产品替换时间，最小化买方的费用。文献[55]预先设定了一个时间 T，从保修期开始到 T 时刻之前卖方执行免费维修，而从 T 时刻到保修期结束前卖方执行按比例收费的维修模型。

根据引起产品退化因素的数量，可分为一维保修服务策略[56-58]和二维保修服务策略[59-61]。如果由一个因素引起产品退化，则构建的保修模型称为一维保修服务模型。一维保修服务模型常常以使用时间或使用度来制定产品的保修期长或维修策略；如果由两个因素引起产品退化，则构建的保修模型称为二维保修服务模型。二维保修服务策略中，常常以产品的使用时间和使用度两个指标共同制定保修期长或维修策略。与一维保修服务模型相比，二维保修服务模型更符合现实情况。文献[59]针对可修产品的使用时间和实用度，建立使用时间和使用度的二维威布尔故障过程，构建二维保修服务模型。文献[60]针对两种故障过程，即正常故障和缺陷故障，构建不可更新二维免费保修模型。

根据保修服务模型所研究的对象不同，分为针对买方的保修服务模型研究[62,63]、针对卖方的保修服务模型研究[64,65]以及同时考虑买方和卖方的保修服务模型研究[7,66,67]。

根据保修服务策略中的优化目标不同，可分为：

①单目标优化[68-70]，即在产品的生命周期内最小化买方的费用[68]、在产品保修期内最小化卖方的保修费用[69]以及在产品的生命周期内最大化卖方的收益[70]。

②多目标优化[71]，即在产品的整个生命周期或保修期后，通过考虑买方的费用和故障停机时间等目标，以获得适合的维修策略。目前仅有为数不多的文献研究多目标保修模型。文献[71]分别针对可更新保修策略和不可更新

保修策略，研究最小化买方的费用和故障停机时间时最优的定期预防性维修数量。

针对不同的时期，保修服务模型的研究包括：

①保修期内保修服务模型的研究[72-74]。

②保修期内和延长保修期内保修服务模型的研究[75-77]。

③保修期和保修期后保修服务模型的研究[78,79]。

④保修期、延长保修期和保修期后保修服务模型的研究[80]。

目前，已有大量文献研究了保修期内的保修服务模型。而由于保修期内的维修策略对保修期后买方的费用有直接影响，所以针对买方的费用问题，应同时考虑保修期和保修期后的维修策略。延长保修期服务是指买方向卖方支付一定的费用，在保修期后，卖方继续为买方进行产品的保修至延长保修期结束。因为保修期后的维修费用由买方负责，所以为了降低费用和产品故障停机损失，买方可能在购买产品时或保修期内某个时间内或保修期结束时购买延长保修服务。

目前，文献中提出的保修服务模型涉及上述分类中的某些内容。大量文献对普通产品的保修服务策略进行了研究。文献[81]对产品的故障过程建模，构建基于时间和产品使用率的灵活二维延长保修策略，通过优化非完美预防性维修的数量和维修水平，获得最优的延保服务费用。文献[82]设计基于时间和产品使用率的二维保修策略，通过分析矩形和L形两种不同的保修区域，以获得适合不同顾客的保修域。文献[83]分别研究了两种不同的购买延保时刻——产品售出时和基本保修期结束，研究二维延保中非完美预防性维修策略对卖方费用的影响。基于产品运行状态的保修策略鲜有研究。文献[84]提出基于状态替换策略的保修服务模型。通过优化保修期长、产品价格、替换的阈值，以最大化卖方收益。文献[85]针对多故障模式的复杂产品，研究了多部件系统的延保服务模型。文献[86]针对可修产品，从买方和卖方的角度讨论了延长保修的费用问题，分别讨论了在保修期、延长保修期以及保修期结束后的不同阶段进行维修度为x的定期预防性维修对买方能承受的最大延长保修费用和卖方能接受的最小延长保修费用的影响，并获得双方双赢的延长保修费用。

考虑普通产品的特点，保修服务策略常常从是否增加预防性维修、预防性维修的程度和数量、卖方执行预防性维修的时间、保修期是否变化、产品故障后维修的程度等方面对卖方或者买方的费用进行研究。由于普通产品故障停机对买方造成的经济损失较小，因此这些保修服务策略一般从卖方的角度考虑预防性维修策略。在保修期内，卖方常常出资对产品进行预防性维修以减少产品故障次数，降低其在产品保修期的维修费用。由于同类、同型号的普通产品容易获得，产品故障后可替换一个新产品，因此在保修服务策略中常常研究替换新产品后保修期变化对买方或卖方费用的影响。文献[87]和文献[88]研究在保修期内卖方出资进行定期的预防性维修策略，通过优化预防性维修的数量和预防性维修的度，使其保修费用最小。文献[89]提出一个在保修期和延长保修期内卖方支付预防性维修费用的保修策略，获得了最优的预防性维修策略。对于浴盆曲线的故障率函数，文献[90]和文献[91]研究了不同阶段的故障率下，卖方出资进行定期预防性维修以延长产品的可用期和降低产品磨损期的故障率的维修策略。通过优化预防性维修的数量和预防性维修的度，达到最小化卖方保修费用的效果。

少量文献对于复杂系统的保修服务策略进行了研究。文献[92]提出了一个基于高速公路的期权保修服务策略。承包商（卖方）在投标时，报价中含有公路保修的期权价格。公路从建设到完工期间，政府（买方）根据项目情况（公路质量等情况）决定是否需要对公路进行保修。文献[93]针对不同结构多部件复杂系统，构建一种新保修策略。在保修期内，卖方免费为买方产品的故障部件实行替换或完美维修。

用于生产的复杂且昂贵的大型装备产品不同于普通产品。因此，普通产品的保修服务策略将不适用于大型装备类产品的保修服务。而用于生产的大型装备类产品，一旦停机将对买方造成巨大的经济损失。通过加强预防性维修可以减少故障次数，进而可以减少产品故障停机对买方造成的经济损失。

买方承担保修期内的预防性维修费用是促使卖方加强预防性维修的方法之一。

大型装备产品保修期后，产品的预防性维修费用和故障后维修费用通常由买方负责，因此，一些文献对保修期后买方支付预防性维修费用进行了研究。而保修期内和产品生命周期内，如何进行预防性维修的研究较少。一些文献对保修期内买方支付预防性维修费用的保修策略进行了研究。文献[94]考虑产品故障停机损失对买方产生的重要影响，建立了在产品的整个生命周期内由买方支付预防性维修费用的模型。由于保修期内产品的预防性维修费用由买方支付，因此作为补偿，模型设计卖方和买方可以在保修期内（0，W_1）某一适当时刻进行协商以延长保修期到 W_2 时刻，通过优化定期预防性维修的数量来最小化买方费用。文献[95]提出一个在产品的生命周期内由买方支付预防性维修费用的模型。通过优化第一次预防性维修的时刻（t_0）和预防性维修的周期 T，以最小化买方费用。在保修期间进行积极有效的预防性维修可降低保修期后产品的故障率，进而降低买方的维修费用。因此，在保修期间和保修期后进行积极有效的预防性维修将对买方费用有重要影响。考虑进行预防性维修对买方费用的重要影响，文献[96]提出了买方支付预防性维修费用的三种预防性维修策略：

①在保修期和保修期后均无预防性维修。

②在保修期后进行预防性维修。

③在保修期和保修期后均进行预防性维修。通过对买方和卖方的费用进行分析得出结论：在保修期和保修期后均进行预防性维修可降低买方和卖方费用。

文献[97]提出一个买方支付预防性维修费用，卖方为买方执行定期预防性维修的二维保修策略。通过对保修费用的分析得出结论：若买方支付预防性维修费用，那么买方将可获得较长的保修期和较大的使用度。

在上面的研究中，买方支付预防性维修费用是指由卖方实施预防性维修所产生的一切费用均由买方支付。买方希望同时实现卖方为其加强预防性维修以减少故障停机损失和向卖方支付较少的预防性维修费用的目标。买方支付预防性维修费用，使得预防性维修的数量和维修程度由买方决定，因此买方的总费用与卖方的行为无关。所以，买方支付预防性维修费用的保修策略，无法实现上述买方希望的目标。

因此，针对大型装备类产品，有研究提出一种能够解决上述问题的新保修服务模式。在这种保修服务模式下分别研究产品保修期内和全生命周期内维修模式，进而研究买方和卖方的最优费用问题。

1.3　优化算法研究现状

近年来，对算法的研究，尤其在对微粒群算法的研究方面，已经取得很大的进展，主要包括算法的改进研究、算法的理论分析、算法的生物学基础研究及算法的应用研究等。PSO 算法改进策略主要从参数调整、修改速度更新方程、种群结构及与其他进化算法结合等不同侧面对标准 PSO 算法进行改进研究。

1.3.1　参数调整

施（Shi）和埃伯哈特（Eberhart）首次给出惯性权重的概念。由于惯性权重 $C_d = 800$ 起到平衡算法的全局搜索和局部搜索能力的作用，因此是 PSO 算法中非常重要的参数。施（Shi）和埃伯哈特（Eberhart）提出了惯性权重线性递减的策略[98]，大大提高了 PSO 算法的性能。另外，蔡星娟和曾建潮[99] 将个性化思想应用于 PSO 算法的认知系数 $k(k = 5)$ 和社会系数 $m(m = 0.2)$，取得了较好的效果。

1.3.2　修改速度更新方程

为了提高微粒群算法的全局搜索能力，拉特纳韦拉（Ratnaweera）[100] 提出不含微粒先前速度信息的微粒群算法；文献[101]通过改变微粒的作用方式，提出一种保证种群多样性的微粒群算法（ARPSO）。通过群体多样性值控制微粒飞向或远离群体历史最优位置，动态地调整算法"开发"与"开采"的比例，以提高算法性能。文献[102]则受生物群中捕食猎物协同进化的启发，改变微粒作用方式，提出 Predator-Prey 的 PSO 算法模型。模型将微粒分成 Predator 微粒与 Prey 微粒，Predator 微粒在搜索过程中迫使陷入局部最优点的微粒逃离，而 Prey 微粒则受 Predator 微粒的排斥作用逐步靠近全局最优解。文献[103]提出了完全信息的微粒群算法（FIPS），将标准微粒群算法中微粒仅受自身历史最好和群体历史最好的影响拓展为微粒在搜索过程中受邻居中所有微粒对它的影响，在一定程度上改善了 PSO 算法的性能。

综上所述，修改速度更新方程的改进方法分为两类：

①微粒仅受个别微粒的作用（自身历史最好值和群体历史最好值等），其中包括受个别微粒的吸引作用和受个别微粒的排斥作用。

②微粒仅受邻域中所有微粒的吸引作用。

1.3.3　种群结构

微粒群算法模拟了群居性生物群体的社会行为，正如生物群体中个体之间的交互关系对群体行为有较大的影响，微粒之间的交互方式对算法的搜索性能同样产生很大的影响。微粒间不同的交互方式，实现了微粒间不同的信息共享方式，从而保证了进化过程中群体的多样性。因此，国内外较多学者对微粒群算法的种群结构进行了研究，研究主要集中在以下方面：

①微粒生灭变化的研究。

②种群拓扑结构的研究[104-106]。

③其他邻域结构的研究。

在微粒群种群拓扑结构的研究中，静态种群拓扑结构的研究大多集中在肯尼迪（Kennedy）提出的几种常见规则结构上，如环形、星形、冯·诺依曼拓扑结构等，因此研究工作有一定的重复性。同时，静态的拓扑结构可能影响微粒的搜索能力，进而影响算法的性能；动态无向拓扑种群结构的研究大多基于固定的结构（如树形、环形、簇结构等）和常见的网络模型（如NW、BA等）。固定的结构和著名的常见复杂网络模型只是对生物社会网络的部分模拟，可以用来帮助分析生物社会网络，但不能完全反映生物社会网络的内部形成机制，即个体交互行为，因此用在PSO算法上虽然可以改善算法性能，但未必是最适合算法搜索的动态拓扑结构。其对有向动态拓扑种群结构的研究较少且动态变化形式比较简单，即保持结构的出度值不变，进行随机性断边和连边。同时，PSO算法的搜索过程是以微粒适应值为指导的群体寻优过程，因此动态种群拓扑结构中的任何随机性断边或连边都有可能使微粒在寻优的过程中走弯路，从而影响群体的搜索能力。新的、能真实反映生物群体交互行为的、以个体属性为指导的网络模型有待得到进一步研究。

1.4 研究内容

本书内容共分为5章。

第1章主要介绍研究的选题背景及意义，并介绍复杂的大型装备类产品的特点，保修服务策略研究的重要性及目前保修服务策略的国内外研究现状。

第2章针对大型装备产品，研究一种买方投资预防性费用的新保修服务模型，并研究产品保修期内卖方的维修策略以及双方的费用问题，通过对费用模型的详细分析获得相关结论。

第3章在第2章保修服务模型的基础上，研究大型装备类产品全生命周期内卖方的维修策略以及双方的费用问题，通过对费用模型的详细分析获得相关结论。

第4章针对大型装备类产品，在第2章保修服务模型的基础上，对买方和卖方的最优费用进行研究，并构建满足双赢时买方和卖方的最优费用模型，通过优化获得双方的最优费用。

第5章为能更好地求解模型，研究一种新颖的优化算法，并通过理论分析与仿真实验对结构特征以及结构和算法性能间的关系进行分析。

第2章　买方投资大型装备产品保修期内预防性维修费用的保修模型

对于大型装备类产品，通过加强预防性维修可以减少故障次数，进而可以减少产品故障停机对买方造成的巨大经济损失。买方承担保修期内的预防性维修费用是促使卖方加强预防性维修的方法之一。但是买方支付预防性维修费用的保修策略无法实现卖方为其加强预防性维修以减少故障停机损失和向卖方支付较少的预防性维修费用的目标。

因此，本章针对大型装备类产品，首先研究产品保修期内的一种新保修策略：买方额外增加一笔费用，用于投资一种在产品保修期内由卖方实施预防性维修的保修服务，并且为了督促卖方进行积极有效的预防性维修，当产品发生故障时对卖方进行惩罚。与买方支付预防性维修费用的保修策略不同，新的保修策略中买方只负责投资预防性维修费用，而预防性维修的执行数量和执行程度由卖方决定（预防性维修的费用是卖方承担的），同时引入惩罚机制对卖方进行监督，因此在双方的博弈中，买方可能同时实现较小的故障停机损失和投资较少的预防性维修费用这两个目标，即整体费用较小的目标。

买方所能投资的最高预防性维修费用为多少？卖方能接受买方投资的最低预防性维修费用为多少？对于买方投资的预防性维修费用，卖方和买方是否存在双赢的区间？卖方如何制定预防性维修策略，使其费用最小，收益最大？本章首先研究买方所能投资的最高预防性维修费用和卖方所能接受的最低预防性维修费用，进一步分析产生双赢区间的条件；接着研究故障率和各种费用对买方所能投资的最高预防性维修费用和卖方所能接受的最低预防性维修费用以及双赢区间的影响；最后研究当双赢区间存在时，卖方的最优预防性维修策略。

2.1　买方投资预防性维修费用的决策模型

2.1.1　保修期内产品的保修策略

针对大型装备产品，设计保修期内的保修策略为：

①买方在产品售出前向卖方支付一定的预防性维修费用，在产品的保修期内，卖方为买方定期实施维修程度为 m 的预防性维修。

②买方承担产品故障停机损失。

③在保修期内卖方免费承担产品故障后的维修。

④在保修期内，如果产品发生故障停机，则卖方向买方支付一定的惩罚费用。

2.1.2　模型中的相关符号

$r(t)$：无预防性维修时的产品故障率；

$C_{pm}(m)$：一次维修程度为 m 的预防性维修费用，它是单位预防性维修费用 C_{pmm} 和维修程度 m 的函数；

C_m：一次故障后的维修费用；

C_P：一次故障停机对卖方的惩罚费用；

C_d：一次故障停机所造成的买方生产损失；

W：保修期长；

m：预防性维修的水平；

T：预防性维修的周期；

τ_i：预防性维修的时刻；

v_j：第 j 个预防性维修后产品的虚龄；

k：预防性维修的数量；

C_{pm}：买方投资的预防性维修费用。

2.1.3　定期预防性维修模型

在产品的保修期内，预防性维修执行的时刻 $\tau_i = iT \left(1 \leqslant i \leqslant k = \left\lceil \dfrac{W}{T} \right\rceil \right)$，

$\tau_0 = 0$。在第 j 个预防性维修后产品的虚龄为

$$v_j(m) = v_{j-1}(m) + \varphi(m)(\tau_j - \tau_{j-1}), \quad 1 \leqslant j \leqslant k, \ v_0 = 0 \qquad (2.1)$$

式中，$m \in [0,1]$ 表示维修的度，$\varphi(m) \in [0,1]$ 是 m 的减函数。设整个维修过程中预防性维修水平相同。若 $m = 0$，则 $\varphi(m)=1$。这表示保修期内未进行预防性维修。而若 $m = 1$，则 $\varphi(m)=0$。这表示预防性维修使得产品恢复如新。产品在 t 时刻的虚龄为

$$v_t(m) = v_{j-1}(m) + t - \tau_{j-1}, \tau_{j-1} \leqslant t < \tau_j, j = 1, 2, \cdots, k \qquad (2.2)$$

式中，m 和 t 是由卖方决定的两个决策变量。

2.1.4　保修期内买方和卖方的费用函数

（1）故障率表达式

设对产品故障进行维修后，产品的故障率不发生变化。因此，在保修期内，相邻两次预防性维修之间的产品故障率可以表示为

$$r[v_t(m)] = \begin{cases} r[v_{j-1}(m) + t - \tau_{j-1}], & \tau_{j-1} \leqslant t < \tau_j, \quad j = 1, 2, \cdots, k \\ r[v_k(m) + t - \tau_k], & \tau_k \leqslant t \leqslant W \end{cases} \qquad (2.3)$$

（2）保修期内产品故障停机所造成的买方生产损失

损失费用为

$$C_d \sum_{j=1}^{k} \int_{\tau_{j-1}}^{\tau_j} r[v_t(m)] \mathrm{d}t + C_d \int_{\tau_k}^{W} r[v_t(m)] \mathrm{d}t \qquad (2.4)$$

（3）保修期内产品故障停机而对卖方进行惩罚的费用

为了促使卖方进行积极有效的预防性维修，以保证买方的利益，在保修期内产品发生故障时，对卖方进行惩罚。惩罚费用表示为

$$C_\mathrm{p} \sum_{j=1}^{k} \int_{\tau_{j-1}}^{\tau_j} r\big[v_t(m)\big]\mathrm{d}t + C_\mathrm{p} \int_{\tau_k}^{W} r\big[v_t(m)\big]\mathrm{d}t \qquad (2.5)$$

（4）保修期内产品故障后卖方的维修费用

$$C_\mathrm{m} \sum_{j=1}^{k} \int_{\tau_{j-1}}^{\tau_j} r\big[v_t(m)\big]\mathrm{d}t + C_\mathrm{m} \int_{\tau_k}^{W} r\big[v_t(m)\big]\mathrm{d}t \qquad (2.6)$$

（5）保修期内买方的保修费用

保修期内买方的保修费用包括向卖方支付的预防性维修费用 C_pm 和产品故障所造成的生成损失

$$C_\mathrm{b} = C_\mathrm{pm} + \left\{ C_\mathrm{d} \sum_{j=1}^{k} \int_{\tau_{j-1}}^{\tau_j} r\big[v_t(m)\big]\mathrm{d}t + C_\mathrm{d} \int_{\tau_k}^{W} r\big[v_t(m)\big]\mathrm{d}t \right\} \qquad (2.7)$$

（6）保修期内卖方的保修费用

卖方支付的费用减去卖方接受的预防性维修费用 C_pm 为保修期内卖方的保修费用。其中，卖方支付的费用又包括预防性维修费用和故障后的维修费用，以及故障后的惩罚费用。

$$C_\mathrm{s} = C_\mathrm{m} \sum_{j=1}^{k} \int_{\tau_{j-1}}^{\tau_j} r\big[v_t(m)\big]\mathrm{d}t + C_\mathrm{m} \int_{\tau_k}^{W} r\big[v_t(m)\big]\mathrm{d}t + C_\mathrm{p} \sum_{j=1}^{k} \int_{\tau_{j-1}}^{\tau_j} r\big[v_t(m)\big]\mathrm{d}t +$$
$$C_\mathrm{p} \int_{\tau_k}^{W} r\big[v_t(m)\big]\mathrm{d}t + kC_\mathrm{pm}(m) - C_\mathrm{pm} \qquad (2.8)$$

2.1.5 买方愿意投资保修期内预防性维修费用的条件分析

设 C_yb 为保修期内买方投资预防性维修费用的费用，设 C_nb 为保修期内买方不投资预防性维修费用的费用。

则有

$$C_{yb} \le C_{nb} \Rightarrow C_{pm} + \left\{ C_d \sum_{j=l}^{k} \int_{\tau_{j-1}}^{\tau_j} r\left[v_t(m)\right] dt + C_d \int_{\tau_k}^{W} r\left[v_t(m)\right] dt \right\} \le C_d \int_0^W r(t) dt$$

$$\Rightarrow C_{pm} \le A_b$$

其中

$$A_b = C_d \int_0^W r(t) dt - C_d \sum_{j=1}^{k} \int_{\tau_{j-1}}^{\tau_j} r\left[v_t(m)\right] dt - C_d \int_{\tau_k}^{W} r\left[v_t(m)\right] dt \tag{2.9}$$

也就是说，当买方投资的预防性维修费用 C_{pm} 少于或等于卖方实施预防性维修活动后，由于故障停机次数减少而减少生产损失费用时，买方愿意投资预防性维修费用。

2.1.6　卖方愿意在保修期内进行预防性维修的条件分析

设 C_{ys} 为保修期内卖方收取预防性维修费用进行预防性维修的保修费用，设 C_{ns} 为保修期内无预防性维修的保修费用，则有

$$C_{ys} \le C_{ns} \Rightarrow$$

$$C_m \sum_{j=l}^{k} \int_{\tau_{j-1}}^{\tau_j} r\left[v_t(m)\right] dt + C_m \int_{\tau_k}^{W} r\left[v_t(m)\right] dt +$$

$$C_p \sum_{j=l}^{k} \int_{\tau_{j-1}}^{\tau_j} r\left[v_t(m)\right] dt + C_p \int_{\tau_k}^{W} r\left[v_t(m)\right] dt + kC_{pm}(m) - C_{pm} \le C_m \int_0^W r(t) dt$$

$$\Rightarrow C_{pm} \ge A_s$$

其中

$$A_s = C_m \sum_{j=1}^{k} \int_{\tau_{j-1}}^{\tau_j} r\left[v_t(m)\right] dt + C_m \int_{\tau_k}^{W} r\left[v_t(m)\right] dt + C_p \sum_{j=1}^{k} \int_{\tau_{j-1}}^{\tau_j} r\left[v_t(m)\right] dt +$$

$$C_p \int_{\tau_k}^{W} r\left[v_t(m)\right] dt + kC_{pm}(m) - C_m \int_0^W r(t) dt \tag{2.10}$$

也就是说，当卖方接受的预防性维修费用大于或等于由于实施预防性维修而增加的维修费用时，卖方愿意接受预防性维修。

综上，若 $A_s \leqslant C_{pm} \leqslant A_b$，则卖方和买方均愿意在保修期内进行预防性维修。

2.1.7 买方投资预防性维修费用双方双赢的条件分析

由上述分析可知，对买方支付预防性维修费用，卖方愿意接受的理论条件是：$A_b \geqslant A_s$，且 $C_{pm} \in [A_s, A_b]$，即

$$C_d \int_0^W r(t)\,dt - C_d \sum_{j=1}^k \int_{\tau_{j-1}}^{\tau_j} r[v_t(m)]\,dt - C_d \int_{\tau_k}^W r[v_t(m)]\,dt \geqslant$$

$$C_m \sum_{j=1}^k \int_{\tau_{j-1}}^{\tau_j} r[v_t(m)]\,dt + C_m \int_{\tau_k}^W r[v_t(m)]\,dt + C_p \sum_{j=1}^{j=k} \int_{\tau_{j-1}}^{\tau_j} r[v_t(m)]\,dt + \quad (2.11)$$

$$C_p \int_{\tau_k}^W r[v_t(m)]\,dt + kC_{pm}(m) - C_m \int_0^W r(t)\,dt$$

为了方便分析，假设 $T = \dfrac{W}{k}$，则 $\tau_j = j\dfrac{W}{k}$，则式（2.11）变为

$$C_d \int_0^W r(t)\,dt - C_d \sum_{j=1}^k \int_{\tau_{j-1}}^{\tau_j} r[v_t(m)]\,dt \geqslant C_m \sum_{j=1}^{j=k} \int_{\tau_{j-1}}^{\tau_j} r[v_t(m)]\,dt +$$

$$C_p \sum_{j=1}^k \int_{\tau_{j-1}}^{\tau_j} r[v_t(m)]\,dt + kC_{pm}(m) - C_m \int_0^W r(t)\,dt$$

整理得

$$(C_d + C_m)\left\{\int_0^W r(t)\,dt - \sum_{j=1}^k \int_{\tau_{j-1}}^{\tau_j} r[v_t(m)]\,dt\right\} \geqslant C_p \sum_{j=1}^k \int_{\tau_{j-1}}^{\tau_j} r[v_t(m)]\,dt + kC_{pm}(m) \quad (2.12)$$

令 $R = \int_0^W r(t)\,dt$，$R_1 = \sum_{j=1}^k \int_{\tau_{j-1}}^{\tau_j} r[v_t(m)]\,dt$，$R_2 = \int_0^W r(t)\,dt - \sum_{j=1}^k \int_{\tau_{j-1}}^{\tau_j} r[v_t(m)]\,dt = R - R_1$

R 的物理意义为：在保修期内，无预防性维修的故障次数；

R_1 的物理意义为：进行预防性维修后，保修期内的故障次数；

R_2 的物理意义为：在保修期内，由于进行预防性维修而减少的故障次数。

则

$$A_{\mathrm{b}} = C_{\mathrm{d}}R_2 \geqslant A_{\mathrm{s}} = -C_{\mathrm{m}}R_2 + C_{\mathrm{p}}R_1 + kC_{\mathrm{pm}}(m) \qquad (2.13)$$

由 $A_{\mathrm{s}} = -C_{\mathrm{m}}R_2 + C_{\mathrm{p}}R_1 + kC_{\mathrm{pm}}(m)$ 可知，$C_{\mathrm{p}}R_1 + kC_{\mathrm{pm}}(m)$ 为进行预防性维修而产生的费用，$C_{\mathrm{m}}R_2$ 为进行预防性维修而减少的维修费用，因此 A_{s} 为实施预防性维修后卖方的费用。当减少的维修费用大于进行预防性维修而产生的费用时，A_{s} 为负值。这表明由于进行预防性维修，卖方获得了较大的收益。此时双赢区间变为 $[0, A_{\mathrm{b}}]$。也就是说，即使买方不投资预防性维修费用，卖方也愿意承担维修次数为 k、维修度为 m 的预防性维修。因此双赢区间为 $[\max(A_{\mathrm{s}}, 0), A_{\mathrm{b}}]$。

由 $A_{\mathrm{s}} = -C_{\mathrm{m}}R_2 + C_{\mathrm{p}}R_1 + kC_{\mathrm{pm}}(m)$ 还可以看出，当加强预防性维修（增加 k 和 m）时，R_1 将减少，R_2 将增加，即 $-C_{\mathrm{m}}R_2 + C_{\mathrm{p}}R_1$ 是变量 k 和 m 的减函数，而 $kC_{\mathrm{pm}}(m)$ 是变量 k 和 m 的增函数。因此，在预防性维修费用和维修及惩罚费用之间存在最优的预防性维修策略 k^* 和 m^*，使得 A_{s} 最小。因此，卖方在愿意接受预防性维修费用时，最佳的 k^* 和 m^* 的确定需要研究。

将式（2.13）整理为

$$(C_{\mathrm{d}} + C_{\mathrm{m}})R_2 \geqslant C_{\mathrm{p}}R_1 + kC_{\mathrm{pm}}(m) \qquad (2.14)$$

式中，$(C_{\mathrm{d}} + C_{\mathrm{m}})R_2$ 为进行预防性维修后减少的费用；   为进行预防性维修所产生的费用。式（2.14）的物理意义是：保修期内，当由于预防性维修而减少的费用不少于进行预防性维修所产生的费用时，双方存在双赢区间。

从式（2.13）可知，双赢区间与产品故障率和各种费用 C_{d}、C_{m}、C_{p} 以及单位预防性维修费用 C_{pmm} 有关。因此，下面将进一步分析故障率和各种费用对双赢区间的影响。

将式（2.14）整理为

$$R_2 \geqslant \frac{C_{\mathrm{p}}R_1 + kC_{\mathrm{pm}}(m)}{C_{\mathrm{d}} + C_{\mathrm{m}}} \qquad (2.15)$$

（1）故障率对双赢区间的影响

由式（2.15）可知，在费用 C_{p}、C_{d}、C_{m} 和 C_{pmm} 一定的情况下，如果产品的故障率非常高（R 值高），那么卖方将会加强预防性维修（增加 k 和 m），使

得预防性维修更有效，以减少保修期内产品故障次数 R_1，从而降低了 $C_pR_1 + kC_{pm}(m)$ 费用。因此，故障率越高，加强预防性维修则存在双赢区间的可能性越大。而如果产品的故障率低（R 值低），卖方若加强预防性维修，那么将会使 $C_pR_1 + kC_{pm}(m)$ 费用增高，而不利于双赢区间的产生。因此，在较大 k 和 m 的预防性维修策略下，故障率大的产品更易产生双赢区间。而在较小 k 和 m 的预防性维修策略下，故障率小的产品更易出现双赢区间。

（2）各种费用对双赢区间的影响

假设产品的故障率给定。

1）在一定的预防性维修策略下，随着 C_d 值的增加，式（2.15）更容易满足。$A_s = -C_mR_2 + C_pR_1 + kC_{pm}(m)$ 值未变，而 $A_b = C_dR_2$ 值增加，将增加存在双赢区间的可能性。这表明当产品的一次故障停机所造成的买方生产损失大时，买方能够承受更高的投资，以使卖方执行预防性维修，减少产品故障停机的生产损失。

2）在一定的预防性维修策略下，随着 C_m 值的增加，式（2.15）更容易满足。$A_b = C_dR_2$ 值未变，而 $A_s = -C_mR_2 + C_pR_1 + kC_{pm}(m)$ 值减少，将增加存在双赢区间的可能性。这表明保修期内，当产品一次故障后的维修费用较高时，卖方将会加强预防性维修，以减少故障发生的次数，这将减少实施预防性维修后卖方的费用。

3）在一定的预防性维修策略下，一次故障停机对卖方的惩罚费用 C_p 越小，式（2.15）越容易满足。$A_b = C_dR_2$ 值未变，而 $A_s = -C_mR_2 + C_pR_1 + kC_{pm}(m)$ 值越小，将增加存在双赢区间的可能性。这表明减少一次故障停机的惩罚费用 C_p，将降低实施预防性维修后卖方的费用，双方更容易实现双赢。

4）在一定的预防性维修策略下，单位预防性维修费用 C_{pmm} 越小，式（2.15）越容易满足。$A_b = C_dR_2$ 值未变，而 $A_s = -C_mR_2 + C_pR_1 + kC_{pm}(m)$ 值越小，将增加存在双赢区间的可能性。这表明若单位预防性维修费用较小，那么在一定的预防性维修策略下，实施预防性维修后卖方的费用较小，因此双方容易获得双赢。

2.2 实验分析

在可靠性分析中最常用的概率分布之一就是威布尔分布。运用威布尔分布可以对递增的故障率进行建模。本书采用威布尔分布的故障率来验证上述分析。威布尔分布的故障率定义为

$$r(t) = \left(\frac{\alpha}{\lambda}\right)\left(\frac{t}{\lambda}\right)^{(\alpha-1)} \tag{2.16}$$

式中，α 和 λ 分别为形状参数和尺度参数，$\alpha > 1$（本书中递增的故障率函数），$\lambda > 0$。设 $\varphi(m) = 1 - m$，$m \in [0,1]$；$C_{pm}(m) = mC_{pmm}$，并且假设 $T = \dfrac{W}{k}$，则由式 (2.1) 和 (2.2) 可推出，$v_j(m) = j\varphi(m)\dfrac{W}{k}$，$1 \leqslant j \leqslant k$，$j = 1, 2, \cdots, k$，$v_0 = 0$。

$$v_t(m) = (j-1)\frac{W}{k}\left[\varphi(m) - 1\right] + t, \quad \tau_{j-1} \leqslant t < \tau_j, \ j = 1, 2, \cdots, k \tag{2.17}$$

$$r\left[v_t(m)\right] = r\left\{(j-1)\frac{W}{k}\left[\varphi(m) - 1\right] + t\right\}, \tau_{j-1} \leqslant t < \tau_j, j = 1, 2, \cdots, k \tag{2.18}$$

式 (2.9) 和式 (2.10) 分别被表达为

$$A_b = C_d \sum_{j=1}^{k} \int_{\tau_{j-1}}^{\tau_j} \left\{r(t) - r\left[v_t(m)\right]\right\}\mathrm{d}t = C_d R - C_d R_1 = C_d R_2$$

$$= C_d\left(\frac{W}{\lambda}\right)^{\alpha} - C_d\left(\frac{W}{\lambda}\right)^{\alpha} H \tag{2.19}$$

$$H = \sum_{j=1}^{k} \int_{\tau_{j-1}}^{\tau_j} r\left[v_t(m)\right]\mathrm{d}t$$

$$= \sum_{j=1}^{k}\left(\frac{1}{k}\right)^{\alpha}\left\{\left[(j-1)(\varphi(m) - 1) + j\right]^{\alpha} - \left[(j-1)(\varphi(m) - 1) + (j-1)\right]^{\alpha}\right\}$$

$$\tag{2.20}$$

$$R = \left(\frac{W}{\lambda}\right)^{\alpha}, \quad R_1 = \left(\frac{W}{\lambda}\right)^{\alpha} H, \quad R_2 = \left(\frac{W}{\lambda}\right)^{\alpha}(1 - H)$$

$$A_s = C_p \sum_{j=1}^{k} \int_{\tau_{j-1}}^{\tau_j} r\left[v_t(m)\right] dt + kmC_{pmm} - C_m \left\{ \int_0^W r(t) dt - \sum_{j=1}^{k} \int_{\tau_{j-1}}^{\tau_j} r\left[v_t(m)\right] dt \right\} \quad (2.21)$$

$$= kmC_{pmm} - C_m R_2 + C_p R_1$$

2.2.1 故障率函数对双赢区间的影响

由式（2.16）可知，当 λ 给定，α 越大，则故障率越大；当 α 给定，λ 越小，则故障率越大。这里取 $\lambda=1, \alpha=2$；$\lambda=4, \alpha=2$ 两组参数值来分析不同故障率（见图2-1）对双赢区间的影响。

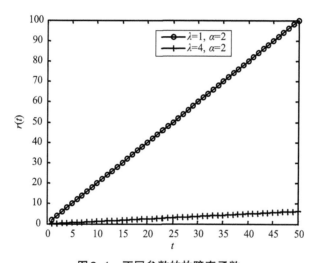

图2-1 不同参数的故障率函数

（1）对 H 的分析

由式（2.20）可得

$$H(\lambda=1, \alpha=2) = H(\lambda=4, \alpha=2) = \varphi(m)\left(1 - \frac{1}{k}\right) + \frac{1}{k}$$

$$= \frac{1}{k}\left[1 - \varphi(m)\right] + \varphi(m) \quad (2.22)$$

由式（2.22）可知，$H(\lambda=1, \alpha=2)$ 为关于变量 k 和变量 m 的减函数。

$$-H(\lambda=1,\alpha=2)=-\varphi(m)\left(1-\frac{1}{k}\right)-\frac{1}{k}+1-1=\left(1-\frac{1}{k}\right)\left[1-\varphi(m)\right]-1,$$

$-H(\lambda=1,\alpha=2)$ 为关于变量 k 和变量 m 的增函数，因此，$H(\lambda=1,\alpha=2)$ 和 $H(\lambda=4,\alpha=2)$ 为关于变量 k 和变量 m 的减函数。变量 m 和变量 k 对 H 的影响如图2-2所示。

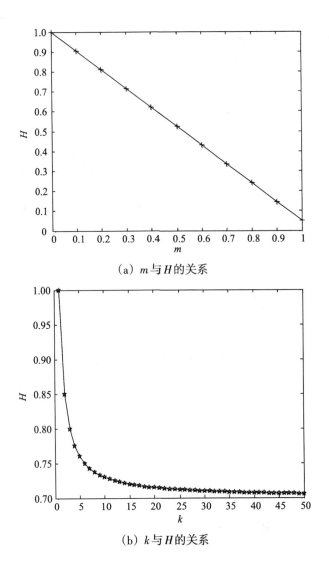

(a) m 与 H 的关系

(b) k 与 H 的关系

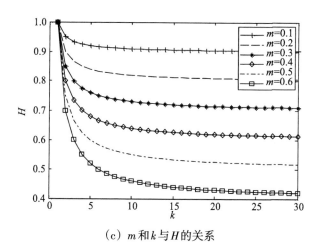

（c）m 和 k 与 H 的关系

图 2-2　变量 m 和变量 k 对 H 的影响

因为 $R_2(\lambda=1,\alpha=2)=W^2(1-H)$，$R_1(\lambda=1,\alpha=2)=W^2H$，而 $R_2(\lambda=4,\alpha=2)=\dfrac{W^2}{4^2}(1-H)$，$R_1(\lambda=4,\alpha=2)=\dfrac{W^2}{4^2}H$，所以 $R_2(\lambda=1,\alpha=2)$ 和 $R_2(\lambda=4,\alpha=2)$ 是关于变量 k 和变量 m 的增函数，而 $R_1(\lambda=1,\alpha=2)$ 和 $R_1(\lambda=4,\alpha=2)$ 是关于变量 k 和变量 m 的减函数。

（2）不同故障率对双赢区间的影响

由于 $16R_2(\lambda=4,\alpha=2)=R_2(\lambda=1,\alpha=2)$，$16R_1(\lambda=4,\alpha=2)=R_1(\lambda=1,\alpha=2)$，所以对于故障率 $r(\lambda=1,\alpha=2)$ 和 $r(\lambda=4,\alpha=2)$，式（2.15）被分别表示为：$R_2(\lambda=1,\alpha=2)\geqslant\dfrac{C_pR_1(\lambda=1,\alpha=2)+kC_{pm}(m)}{(C_d+C_m)}$ 和 $R_2(\lambda=4,\alpha=2)\geqslant\dfrac{C_pR_1(\lambda=4,\alpha=2)+kC_{pm}(m)}{(C_d+C_m)}$。

而 $R_2(\lambda=4,\alpha=2)\geqslant\dfrac{C_pR_1(\lambda=4,\alpha=2)+kC_{pm}(m)}{(C_d+C_m)}\Rightarrow R_2(\lambda=1,\alpha=2)\geqslant$

$\dfrac{C_pR_1(\lambda=1,\alpha=2)+16kC_{pm}(m)}{(C_d+C_m)}$。这表明当买方投资预防性维修时，在预防性维修数量和维修度一定的情况下，产品故障率越大，双方越容易实现双赢。

图2-3表达了在故意率分别为$r(\lambda=1,\alpha=2)$和$r(\lambda=4,\alpha=2)$时，A_b和A_s随变量k和变量m的变化趋势。其中$C_d=1000$，$C_p=100$，$C_m=400$，$C_{pmm}=100$，$W=3$。

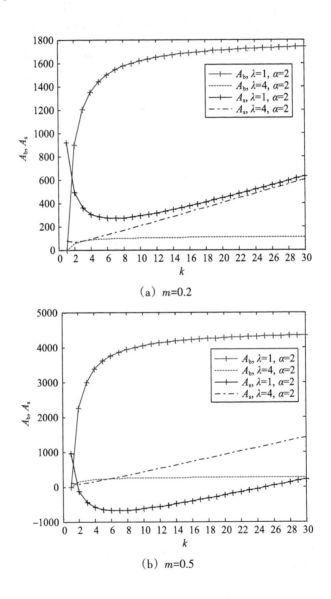

（a）$m=0.2$

（b）$m=0.5$

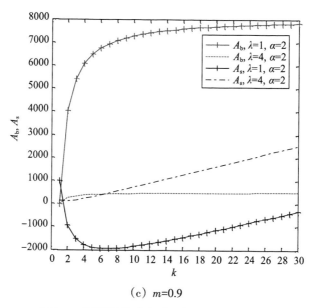

（c）m=0.9

图2-3　取不同故障率时双赢区间的变化趋势

　　图2-3表明与故障率小的产品相比，对于故障率较大的产品，买方投资预防性维修，双方存在双赢区间的可能性大。而表2-1表明，对于故障率大的产品，在维修程度一定的情况下，随着预防性维修数量的增加，双赢区间的上限增大。这说明对于故障率大的产品，为了减小产品的故障率，买方愿意提供较多的资金给卖方进行预防性维修。而故障率大的产品，在维修程度一定的情况下，A_s 的值在 $k=6$ 时达到最小，且为负值，存在下限为0的双赢区间。因为保修期内，合适的预防性维修可使卖方减少的维修费用大于卖方的预防性维修费用，而此时卖方可以获得较大的收益，因此即使买方不支付预防性维修费用，卖方也愿意承担这样的预防性维修。此后，随着维修数量的增加，A_s 也逐渐增加，而双赢区间仍然存在。这表明虽然卖方通过加强预防性维修，增加了实施预防性维修后的费用，但是由于产品的故障率高，所以买方仍然愿意向卖方投资较高的预防性维修费用，以使卖方为其进行预防性维修来减少故障次数。

由表2-1可知，对于故障率小的产品，加强预防性维修则不利于双赢区间的产生。其原因是：数量多、维修程度强的预防性维修，增加了卖方实施预防性维修后的费用，因此，卖方可接受的买方所投资的预防性维修费用被提高，从而无法产生双赢区间。由表2-1还可以看到，当预防性维修数量给定时，提高预防性维修的程度，则可降低卖方实施预防性维修后的费用。这说明在保修期内，卖方实施有效的预防性维修可减少其预防性维修后的费用。

表2-1　取不同故障率及变量k和m时的双赢区间

预防性维修次数	预防性维修度	$r(\lambda=1,\alpha=2)$			$r(\lambda=4,\alpha=2)$		
		A_s	A_b	双赢区间	A_s	A_b	双赢区间
$k=2$	$m=0.2$	490	900	[490, 900]	68.1	56.25	$\varnothing$
	$m=0.5$	−125	2250	[0, 2250]	85.9	140.6	[85.9, 140.6]
	$m=0.9$	−945	4050	[0, 4050]	109.8	253.1	[109.8, 253.1]
$k=6$	$m=0.2$	255	1530	[255, 1530]	128.5	95.6	$\varnothing$
	$m=0.5$	−645	3690	[0, 3690]	241	231	$\varnothing$
	$m=0.9$	−1935	6750	[0, 6750]	385.2	421.9	[385.2, 421.9]
$k=10$	$m=0.2$	290	1620	[290, 1620]	205	101	$\varnothing$
	$m=0.5$	−625	4050	[0, 4050]	430	253	$\varnothing$
	$m=0.9$	−1845	7290	[0, 7290]	729	456	$\varnothing$
$k=20$	$m=0.2$	445	1710	[445, 1710]	403	107	$\varnothing$
	$m=0.5$	−215	4230	[0, 4230]	924	264	$\varnothing$
	$m=0.9$	−1125	7650	[0, 7650]	1617	478	$\varnothing$
$k=40$	$m=0.2$	822	1755	[822, 1755]	801	110	$\varnothing$
	$m=0.5$	695	4410	[695, 4410]	1919	276	$\varnothing$
	$m=0.9$	540	7920	[540, 7920]	3409	495	$\varnothing$

综上，本书买方投资预防性维修的保修策略更适应于故障率大的产品。

2.2.2 各种费用对双赢区间的影响

本节取 $\lambda = 1$, $\alpha = 2$ 威布尔分布的故障率，即 $r(t) = 2t$，并且在假设预防性维修策略一定的情况下，分析各种费用对双赢区间的影响。

式（2.15）变形为

$$C_d \geq \frac{C_p R_1 + km C_{pmm}}{C_m R_2} \tag{2.23}$$

式（2.23）表明在一定的预防性维修策略下（k、m、R_1 和 R_2 给定），当产品发生故障，造成的生产损失大于或等于实施预防性维修后卖方的费用与减少的维修费用之比时，卖方和买方之间存在双赢区间。

设置 $k = 5$, $m = 0.2$ 和 $W = 3$ 时，则 $R_2 = 1.44 \approx 2$，$R_1 \approx 7$。如果此时存在双赢区间，那么费用之间的关系为

$$C_d \geq \frac{7C_p + C_{pmm}}{2C_m}$$

（1）C_d 对双赢区间的影响

设置 $k = 5$，$m = 0.2$，$C_p = 100$，$C_m = 400$，$C_{pmm} = 100$，$W = 3$。C_d 对双赢区间的影响如图2-4和表2-2所示。

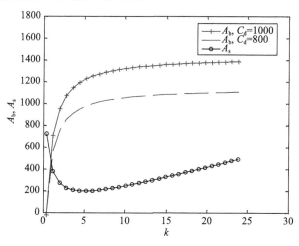

图2-4 C_d 对双赢区间的影响

表2-2　不同C_d值的双赢区间

C_d	A_s	A_b	双赢区间
1000	280	1440	[280, 1440]
800	280	1152	[280, 1152]

由图2-4和表2-2可知，在相同的维修策略下，随着C_d值的增加，双赢区间逐渐扩大。由于C_d值大，停机后的生产损失大，所以买方希望向卖方支付较高的预防性维修费用，以使卖方为其进行预防性维修，减少故障后的生产损失。

（2）C_m对双赢区间的影响

设置$k = 5$，$m = 0.2$，$C_p = 100$，$C_d = 1000$，$C_{pmm} = 100$，$W = 3$。C_m对双赢区间的影响如图2-5和表2-3所示。

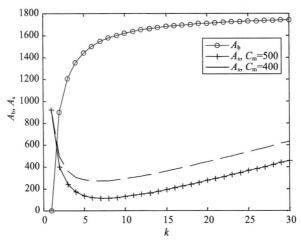

图2-5　C_m对双赢区间的影响

表2-3　不同C_m值的双赢区间

C_m	A_s	A_b	双赢区间
500	136	1440	[136, 1440]
400	280	1440	[280, 1440]

（3）C_p对双赢区间的影响

设置 $k = 5$，$m = 0.2$，$C_m = 400$，$C_d = 1000$，$C_{pmm} = 100$，$W = 3$。C_p对双赢区间的影响如图2-6和表2-4所示。

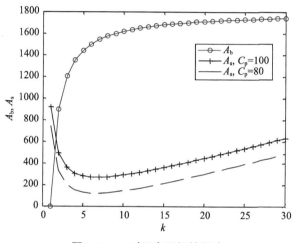

图2-6 C_p对双赢区间的影响

表2-4 不同C_p值的双赢区间

C_p	A_s	A_b	双赢区间
100	280	1440	[280, 1440]
80	129	1440	[129, 1440]

（4）C_{pmm}对双赢区间的影响

设置 $k = 5$，$m = 0.2$，$C_m = 400$，$C_p = 100$，$C_d = 1000$，$W = 3$。C_{pmm}对双赢区间的影响如图2-7和表2-5。

由图2-5~图2-7和表2-3~表2-5可知，在相同的维修策略下，当C_m值增加，而C_p值和C_{pmm}值减少时，双赢区间逐渐扩大。在相同的预防性维修策略下，C_m值较大，而C_p值和C_{pmm}值较小，则卖方实施预防性维修后的费用较少，因此卖方能够接受的买方支付的预防性维修费用较少，即双赢区间的下限较小。

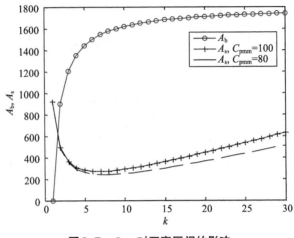

图2-7 C_{pmm} 对双赢区间的影响

表2-5 不同 C_{pmm} 值的双赢区间

C_{pmm}	A_s	A_b	双赢区间
100	280	1440	[280，1440]
80	260	1440	[260，1440]

综上，本章提出的由买方投资预防性维修费用的保修策略适应于故障停机后的生产损失大、维修费用高，而卖方进行预防性维修的费用却相对较低的产品。

2.2.3 维修策略分析

当各种费用和故障率给定的情况下，为了获得当双方存在双赢区间时，预防性维修数量和预防性维修程度的范围，本节取 $\lambda = 1$，$\alpha = 2$ 威布尔分布的故障率，对预防性维修策略进行分析。

将式（2.15）整理为

$$km \leqslant \frac{(C_d + C_m + C_p) R_2 - C_p W^2}{C_{pmm}} \tag{2.24}$$

当预防性维修数量和维修度满足式（2.24）时，存在双赢区间。

因为 $R_2 = W^2\left(1 - \dfrac{1}{k}\right)m$，所以 $m = \dfrac{kR_2}{W^2(k-1)}$，将其代入式（2.24）为

$$\frac{k^2}{k-1} \leqslant \frac{W^2(C_d + C_m + C_p)R_2 - C_p W^4}{C_{pmm}R_2}$$

令 $S = \dfrac{W^2(C_d + C_m + C_p)R_2 - C_p W^4}{C_{pmm}R_2}$。当 $\Delta = S^2 - 4S > 0$ 时，求得 k 和 m 的

取值范围为

$$\begin{cases} \dfrac{S - \sqrt{S^2 - 4S}}{2} \leqslant k \leqslant \dfrac{S + \sqrt{S^2 - 4S}}{2} \\[3mm] \dfrac{R_2 S + R_2\sqrt{S^2 - 4S}}{W^2(S + \sqrt{S^2 - 4S}) - 2W^2} \leqslant m \leqslant 1, \text{如果} \dfrac{R_2 S + R_2\sqrt{S^2 - 4S}}{W^2(S + \sqrt{S^2 - 4S}) - 2W^2} < 1 \end{cases}$$

$$(2.25)$$

或者

$$\begin{cases} \dfrac{S - \sqrt{S^2 - 4S}}{2} \leqslant k \leqslant \dfrac{S + \sqrt{S^2 - 4S}}{2} \\[3mm] 0 < m \leqslant \dfrac{R_2 S - R_2\sqrt{S^2 - 4S}}{W^2(S - \sqrt{S^2 - 4S}) - 2W^2} \leqslant 1, \text{如果} \dfrac{R_2 S - R_2\sqrt{S^2 - 4S}}{W^2(S - \sqrt{S^2 - 4S}) - 2W^2} > 0 \end{cases}$$

$$(2.26)$$

从 2.2.1 节的实验可知，对于卖方，存在最优的预防性维修策略 k^* 和 m^*，当 $k = k^*$ 和 $m = m^*$ 时，卖方实施预防性维修后的费用 A_s 达到最小。如果卖方的最优预防性维修策略 k^* 和 m^* 包含于上述 k 和 m 的范围内，那么当 $k = k^*$ 和 $m = m^*$ 时双方获得了最佳的双赢区间，即双方都满意的双赢区间。

下面通过设置 $C_d = 1000$，$C_p = 100$，$C_m = 200$，$C_{pmm} = 100$，$W = 2$，$R_2 = 2$（$R_2 < R = W^2 = 4$），求得存在双赢区间的 k 和 m 范围为 $\begin{cases} 1 \leqslant k \leqslant 43 \\ 0 < m \leqslant 1 \end{cases}$（见图 2-8）。

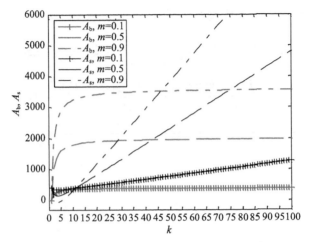

图2-8 决策变量 k 和 m 对双赢区间的影响

由于 $A_s = -1200m + 1200\dfrac{m}{k} + 100km + 400$，因此固定 m 时，求得 $k = 4$ 时 A_s 达到最小，再根据 $R_2 = 4\left(1 - \dfrac{1}{k}\right)m$，得 $m = 0.67$，即当 $k^* = 4$ 和 $m^* = 0.67$ 时，双方获得了最佳的双赢区间[65，5000]，其中 $A_s = 65$。

2.3 本章小结

本章提出一个由买方投资预防性维修费用的保修策略，并对其进行建模。首先，通过理论与实验分析获得了故障率和各种费用对双赢区间的影响关系；然后，对预防性维修策略进行分析，获得了存在双赢区间时，预防性维修数量和预防性维修度的范围，进一步得出了卖方最优的预防性维修策略和双方最佳的双赢区间；最后得出结论：本书的保修策略适应于故障率高、故障停机后生产损失大、故意停机后维修费用高且预防性维修费用低的产品。

第3章 买方投资大型装备产品生命周期内
预防性维修费用的保修模型

    第2章研究了一种新保修策略：买方投资预防性维修费用，卖方决定保修期内执行预防性维修的周期和维修程度，以使得买方和卖方获得双赢。但是，由于大型装备产品故障停机会给买方带来巨大的经济损失，所以保修期后的维修策略对买方也十分重要。因此，本着如何减少大型装备产品的故障停机次数，进而减少买方的经济损失的目的，本章研究在产品售出前，买方投资产品生命周期内预防性维修费用的保修模型。决策模型中的各种费用产生在产品售出后、生命周期内的不同时刻，即未来的费用。计划在未来产生的费用低于现在（产品售出前）产生的费用，所以，为了能够更加准确地进行投资决策，模型中引入折现因子，将未来产生的费用折算成等价的现在产生的费用。而买方所能投资的最高预防性维修费用为多少？卖方能接受买方投资的最低预防性维修费用为多少？卖方如何制定预防性维修策略，使其费用最小？对于买方投资的预防性维修费用，卖方和买方是否存在双赢的区间？本章首先研究当卖方实施不同的预防性维修策略时，买方所能投资的最高预防性维修费用和卖方所能接受的最低预防性维修费用，从而进一步分析产生双赢区间的条件；接着研究折现因子、故障率、各种费用以及卖方实施的不同预防性维修策略对买方所能投资的最高预防性维修费用和卖方所能接受的最低预防性维修费用以及双赢区间的影响；最后研究当双赢区间存在时，卖方的最优预防性维修策略。

3.1 买方投资产品生命周期内预防性维修费用的决策模型

3.1.1 生命周期内产品的维修策略

针对大型装备类产品，设计生命周期内的维修策略为：

①在保修期内卖方免费承担产品故障后的维修。

②保修期后由买方支付产品的故障后维修费用。

③买方在产品售出前向卖方支付一定的预防性维修费用，在产品的生命周期内，卖方为买方定期进行维修程度为 m 的预防性维修（预防性维修模型参见第2章）。

④为了促使卖方进行积极有效的预防性维修，以保证买方的利益，在产品的生命周期内，如果产品发生故障停机，则对卖方进行惩罚。

3.1.2 模型中的相关符号

$r(t)$：无预防性维修时的故障率；

$C_{pm}(m)$：一次维修程度为 m 的预防性维修费用，它是单位预防性维修费用 C_{pmm} 和维修程度 m 的函数；

C_m：一次故障后的维修费用；

C_p：一次故障停机对卖方的惩罚费用；

C_{dd}：除去惩罚后的一次净生产损失费用；

W：保修期长；

L：生命周期长；

m：预防性维修的水平；

τ_i：预防性维修的时刻；

v_j：第 j 个预防性维修后产品的虚龄；

T：预防性维修的周期；

$A(t)$：在 t 时刻折现率为 h 的折现因子；

C_{pm}：买方投资的预防性维修费用。

3.1.3 生命周期内卖方的预防性维修策略

预防性维修策略 A：卖方在产品的保修期内进行预防性维修；

预防性维修策略 B：卖方在产品的保修期后进行预防性维修；

预防性维修策略 C：卖方在产品的生命周期内进行预防性维修。

3.1.4 生命周期内买方和卖方的费用函数

设对产品故障进行维修后，产品的故障率不发生变化。生命周期内买方的折现费用（简称为费用，以下各费用均指折现后费用）记为 C_{IB}。卖方的折现费用记为 C_{IS}。I 表示策略 A、B 或 C。买方的费用 C_{IB} 包括保修期内的产品故障停机造成买方生产损失的费用、保修期后的产品故障停机造成买方生产损失的费用、保修期后产品故障的维修费用和投资的预防性维修费用。卖方的费用 C_{IS} 是产品生命周期内卖方支付的费用与卖方接受的买方支付的预防性维修费用的差值。其中产品生命周期内卖方支付的费用包括卖方在保修期内执行预防性维修的费用、保修期内的产品故障停机的维修费用和产品生命周期内产品故障后的惩罚费用。

（1）卖方采取预防性维修策略 A

产品的整个生命周期内，卖方只在保修期内进行定期预防性维修，因此，产品保修期内的故障率为

$$r_{AW} = \begin{cases} r[v_{j-1}(m) + t - \tau_{j-1}], & \tau_{j-1} \leqslant t < \tau_j, \quad j = 1, 2, \cdots, k_1 \\ r[v_{k_1}(m) + t - \tau_{k_1}], & \tau_{k_1} \leqslant t \leqslant W \end{cases}$$

产品保修期后的故障率为

$$r_{AWP} = r[v_{k_1}(m) + t - \tau_{k_1}], \quad W < t \leqslant L$$

式中，k_1 为卖方实施预防性维修策略 A 时，保修期内的预防性维修数量，

$$k_1 = \left\lceil \frac{W}{T} \right\rceil, \quad \tau_{k_1} \leqslant W_\circ$$

1）生命周期内的买方的费用为 C_{AB}。

$$C_{AB} = C_{dd} \sum_{j=1}^{k_1} \int_{\tau_{j-1}}^{\tau_j} r_{AW} A(t) \, dt + C_{dd} \int_{\tau_{k_1}}^{W} r_{AW} A(t) \, dt + C_{dd} \int_{W}^{L} r_{AWP} A(t) \, dt + $$

$$C_m \int_{W}^{L} r_{AWP} A(t) \, dt + C_{pm} \tag{3.1}$$

式中，$C_{dd} \sum\limits_{j=1}^{k_1} \int_{\tau_{j-1}}^{\tau_j} r_{AW} A(t) \, dt + C_{dd} \int_{\tau_{k_1}}^{W} r_{AW} A(t) \, dt$ 为保修期内产品故障停机造成买方

生产损失的费用；

$C_{dd} \int_{W}^{L} r_{AWP} A(t) \, dt + C_m \int_{W}^{L} r_{AWP} A(t) \, dt$ 为保修期后产品故障停机造成买方生产

损失的费用和保修期后产品故障的维修费用。

2）生命周期内卖方的折现费用为 C_{AS}。

$$C_{AS} = C_m \sum_{j=1}^{k_1} \int_{\tau_{j-1}}^{\tau_j} r_{AW} A(t) \, dt + C_m \int_{\tau_{k_1}}^{W} r_{AW} A(t) \, dt + C_p \sum_{j=1}^{k_1} \int_{\tau_{j-1}}^{\tau_j} r_{AW} A(t) \, dt + $$

$$C_p \int_{\tau_{k_1}}^{W} r_{AW} A(t) \, dt + C_p \int_{W}^{L} r_{AWP} A(t) \, dt + k_1 C_{pm}(m) \int_{0}^{W} A(t) \, dt - C_{pm} \tag{3.2}$$

式中，$C_m \sum\limits_{j=1}^{k_1} \int_{\tau_{j-1}}^{\tau_j} r_{AW} A(t) \, dt + C_m \int_{\tau_{k_1}}^{W} r_{AW} A(t) \, dt$ 为保修期内产品故障停机的维修费用；

$C_p \sum\limits_{j=1}^{k_1} \int_{\tau_{j-1}}^{\tau_j} r_{AW} A(t) \, dt + C_p \int_{\tau_{k_1}}^{W} r_{AW} A(t) \, dt$ 为保修期内产品故障后的惩罚费用；

$C_p \int_{W}^{L} r_{AWP} A(t) \, dt$ 为保修期后产品故障停机的惩罚费用；

$k_1 C_{pm}(m) \int_{0}^{W} A(t) \, dt$ 为保修期内执行预防性维修的费用。

（2）卖方采取预防性维修策略 B

产品的整个生命周期内，卖方只在保修期后进行定期预防性维修，因此，产品保修期内的故障率 r_{BW} 为

$$r_{BW} = r(t), \ 0 \leqslant t \leqslant W$$

产品保修期后的故障率 r_{BWP} 为

$$r_{BWP} = \begin{cases} r[v_{j-1}(m) + t - \tau_{j-1}], & \tau_{j-1} \leqslant t < \tau_j, v_0 = W, \tau_0 = W, \ j = 1, 2, \cdots, k_2 \\ r[v_{k_2}(m) + t - \tau_{k_2}], & \tau_{k_2} \leqslant t \leqslant L \end{cases}$$

式中，k_2 为卖方实施预防性维修策略 B 时，保修期后的预防性维修数量，$k_2 = \left\lceil \dfrac{L - W}{T} \right\rceil, \ \tau_{k_2} > W$。

1）生命周期内的买方费用为 C_{BB}。

$$C_{BB} = C_{dd} \int_0^W r_{BW} A(t) \, dt + C_{dd} \sum_{j=1}^{k_2} \int_{\tau_{j-1}}^{\tau_j} r_{BWP} A(t) \, dt + C_{dd} \int_{\tau_{k_2}}^L r_{BWP} A(t) \, dt +$$

$$C_m \sum_{j=1}^{k_2} \int_{\tau_{j-1}}^{\tau_j} r_{BWP} A(t) \, dt + C_m \int_{\tau_{k_2}}^L r_{BWP} A(t) \, dt + C_{pm} \tag{3.3}$$

式中，$C_{dd} \displaystyle\int_0^W r_{BW} A(t) \, dt$ 为保修期内产品故障停机造成买方生产损失的费用；

$$C_{dd} \sum_{j=1}^{k_2} \int_{\tau_{j-1}}^{\tau_j} r_{BWP} A(t) \, dt + C_{dd} \int_{\tau_{k_2}}^L r_{BWP} A(t) \, dt \ 为保修期后产品故障停机造成买方$$

生产损失的费用；

$$C_m \sum_{j=1}^{k_2} \int_{\tau_{j-1}}^{\tau_j} r_{BWP} A(t) \, dt + C_m \int_{\tau_{k_2}}^L r_{BWP} A(t) \, dt \ 为保修期后故障维修费用。$$

2）生命周期内的卖方费用为 C_{BS}。

$$C_{BS} = C_m \int_0^W r_{BW} A(t) \, dt + C_p \int_0^W r_{BW} A(t) \, dt + C_p \sum_{j=1}^{k_2} \int_{\tau_{j-1}}^{\tau_j} r_{BWP} A(t) \, dt +$$

$$C_P \int_{\tau_{k_2}}^L r_{BWP} A(t) \, dt + k_2 C_{pm}(m) \int_W^L A(t) \, dt - C_{pm} \tag{3.4}$$

式中，$C_m \int_0^W r_{BW} A(t)\,dt$ 为保修期内产品故障停机的维修费用；

$C_p \int_0^W r_{BW} A(t)\,dt$ 为保修期内产品故障后的惩罚费用；

$C_P \sum_{j=1}^{k_2} \int_{\tau_{j-1}}^{\tau_j} r_{BWP} A(t)\,dt + C_P \int_{\tau_{k_2}}^L r_{BWP} A(t)\,dt$ 为保修期后产品故障后的惩罚费用；

$k_2 C_{pm}(m) \int_W^L A(t)\,dt$ 保修期后执行预防性维修的费用。

（3）卖方采取 C 预防性维修策略

卖方在产品的整个生命周期内，进行定期预防性维修，因此产品保修期内的故障率 r_{CW} 为

$$r_{CW} = \begin{cases} r[v_{j-1}(m) + t - \tau_{j-1}], & \tau_{j-1} \leqslant t < \tau_j,\ v_0 = 0,\ \tau_0 = 0,\ j = 1,2,\cdots,k_4 \\ r[v_{k_4}(m) + t - \tau_{k_4}], & \tau_{k_4} \leqslant t \leqslant W \end{cases}$$

产品保修期后的故障率 r_{CWP} 为

$$r_{CWP} = \begin{cases} r[v_{k_4}(m) + t - \tau_{k_4}], & W \leqslant t \leqslant \tau_{k_4+1} \\ r[v_{j-1}(m) + t - \tau_{j-1}], & \tau_{j-1} \leqslant t < \tau_j,\ j = k_4+1, k_4+2,\cdots,k_3 \\ r[v_{k_3}(m) + t - \tau_{k_3}], & \tau_{k_3} \leqslant t \leqslant L \end{cases}$$

式中，k_3 为卖方实施预防性维修策略 C 时，产品整个生命周期内的预防性维修数量，k_4 为保修期内的预防性维修数量，$k_3 = \left\lceil \dfrac{L}{T} \right\rceil$，$k_4 = \left\lceil \dfrac{W}{T} \right\rceil$，$\tau_{k_4} \leqslant W$，$\tau_{k_3} \leqslant L$。

1）生命周期内的买方费用为 C_{CB}。

$$\begin{aligned} C_{CB} = {} & C_{dd} \sum_{j=1}^{k_4} \int_{\tau_{j-1}}^{\tau_j} r_{CW} A(t)\,dt + C_{dd} \int_{\tau_{k_4}}^W r_{CW} A(t)\,dt + C_{dd} \int_W^{\tau_{k_4+1}} r_{CWP} A(t)\,dt + \\ & C_{dd} \sum_{j=k_4+1}^{k_3} \int_{\tau_{j-1}}^{\tau_j} r_{CWP} A(t)\,dt + C_{dd} \int_{\tau_{k_3}}^L r_{CWP} A(t)\,dt + C_m \int_W^{\tau_{k_4+1}} r_{CWP} A(t)\,dt + \qquad (3.5) \\ & C_m \sum_{j=k_4+1}^{k_3} \int_{\tau_{j-1}}^{\tau_j} r_{CWP} A(t)\,dt + C_m \int_{\tau_{k_3}}^L r_{CWP} A(t)\,dt + C_{pm} \end{aligned}$$

式中，$C_{dd} \sum\limits_{j=1}^{k_4} \int\limits_{\tau_{j-1}}^{\tau_j} r_{CW} A(t)\,dt + C_{dd} \int\limits_{\tau_{k_4}}^{W} r_{CW} A(t)\,dt$ 为保修期内产品故障停机造成买方

生产损失费用；

$$C_{dd} \int\limits_{W}^{\tau_{k_4+1}} r_{CWP} A(t)\,dt + C_{dd} \sum\limits_{j=k_4+1}^{k_3} \int\limits_{\tau_{j-1}}^{\tau_j} r_{CWP} A(t)\,dt + C_{dd} \int\limits_{\tau_{k_3}}^{L} r_{CWP} A(t)\,dt$$ 为保修期后产

品故障停机造成买方生产损失费用；

$$C_{m} \int\limits_{W}^{\tau_{k_4+1}} r_{CWP} A(t)\,dt + C_{m} \sum\limits_{j=k_4+1}^{k_3} \int\limits_{\tau_{j-1}}^{\tau_j} r_{CWP} A(t)\,dt + C_{m} \int\limits_{\tau_{k_3}}^{L} r_{CWP} A(t)\,dt$$ 为保修期后故

障维修费用。

2）生命周期内的卖方费用为 C_{CS}。

$$C_{CS} = C_{m} \sum\limits_{j=1}^{k_4} \int\limits_{\tau_{j-1}}^{\tau_j} r_{CW} A(t)\,dt + C_{m} \int\limits_{\tau_{k_4}}^{W} r_{CW} A(t)\,dt + C_{p} \sum\limits_{j=1}^{k_4} \int\limits_{\tau_{j-1}}^{\tau_j} r_{CW} A(t)\,dt +$$

$$C_{p} \int\limits_{\tau_{k_4}}^{W} r_{CW} A(t)\,dt + C_{p} \int\limits_{W}^{\tau_{k_4+1}} r_{CWP} A(t)\,dt + C_{p} \sum\limits_{j=k_4+1}^{k_3} \int\limits_{\tau_{j-1}}^{\tau_j} r_{CWP} A(t)\,dt + \qquad (3.6)$$

$$C_{p} \int\limits_{\tau_{k_3}}^{L} r_{CWP} A(t)\,dt + k_3 C_{pm}(m) \int\limits_{0}^{L} A(t)\,dt - C_{pm}$$

式中，$C_{m} \sum\limits_{j=1}^{k_4} \int\limits_{\tau_{j-1}}^{\tau_j} r_{CW} A(t)\,dt + C_{m} \int\limits_{\tau_{k_4}}^{W} r_{CW} A(t)\,dt$ 为保修期内产品故障停机的维修费

用；

$$C_{p} \sum\limits_{j=1}^{k_4} \int\limits_{\tau_{j-1}}^{\tau_j} r_{CW} A(t)\,dt + C_{p} \int\limits_{\tau_{k_4}}^{W} r_{CW} A(t)\,dt$$ 为保修期内产品故障后的惩罚费用；

$$C_{p} \int\limits_{W}^{\tau_{k_4+1}} r_{CWP} A(t)\,dt + C_{p} \sum\limits_{j=k_4+1}^{k_3} \int\limits_{\tau_{j-1}}^{\tau_j} r_{CWP} A(t)\,dt + C_{p} \int\limits_{\tau_{k_3}}^{L} r_{CWP} A(t)\,dt$$ 为保修期后产

品故障后的惩罚费用；

$$k_3 C_{\text{pm}}(m) \int_0^L A(t)\,\mathrm{d}t \text{ 为产品生命周期内预防性维修的费用。}$$

3.1.5 买方愿意投资产品生命周期内预防性维修费用的条件分析

设 $C_{\text{Y}B}$ 表示产品生命周期内买方投资预防性维修费用的费用，I 表示策略 A、B 或 C，C_{NB} 表示产品生命周期内买方不投资预防性维修费用的费用。

1）当卖方采取预防性维修策略 A 时，买方愿意投资产品生命周期内的预防性维修费用的条件为

$$C_{\text{YAB}} \leqslant C_{\text{NB}} \Rightarrow C_{\text{pm}} + \left[C_{\text{dd}} \sum_{j=1}^{k_1} \int_{\tau_{j-1}}^{\tau_j} r_{\text{AW}} A(t)\,\mathrm{d}t + C_{\text{dd}} \int_{\tau_{k_1}}^{L} r_{\text{AW}} A(t)\,\mathrm{d}t + C_{\text{dd}} \int_W^L r_{\text{AWP}} A(t)\,\mathrm{d}t + \right.$$

$$\left. C_{\text{m}} \int_W^L r_{\text{AWP}} A(t)\,\mathrm{d}t \right] \leqslant C_{\text{dd}} \int_0^L r(t) A(t)\,\mathrm{d}t + C_{\text{m}} \int_W^L r(t) A(t)\,\mathrm{d}t \Rightarrow C_{\text{pm}} \leqslant A_{\text{AB}}$$

其中

$$A_{\text{AB}} = \left[C_{\text{dd}} \int_0^L r(t) A(t)\,\mathrm{d}t + C_{\text{m}} \int_W^L r(t) A(t)\,\mathrm{d}t - \right.$$

$$\left[C_{\text{dd}} \sum_{j=1}^{k_1} \int_{\tau_{j-1}}^{\tau_j} r_{\text{AW}} A(t)\,\mathrm{d}t + C_{\text{dd}} \int_{k_1}^{W} r_{\text{AW}} A(t)\,\mathrm{d}t + C_{\text{dd}} \int_W^L r_{\text{AWP}} A(t)\,\mathrm{d}t + C_{\text{m}} \int_W^L r_{\text{AWP}} A(t)\,\mathrm{d}t \right]$$

$$\tag{3.7}$$

2）当卖方采取预防性维修策略 B 时，买方愿意投资产品生命周期内预防性维修费用的条件为

$$C_{\text{YBB}} \leqslant C_{\text{NB}} \Rightarrow C_{\text{pm}} + \left[C_{\text{dd}} \int_0^W r_{\text{BW}} A(t)\,\mathrm{d}t + C_{\text{dd}} \sum_{j=1}^{k_2} \int_{\tau_{j-1}}^{\tau_j} r_{\text{BWP}} A(t)\,\mathrm{d}t + \right.$$

$$C_{\text{dd}} \int_{\tau_{k_2}}^{L} r_{\text{BWP}} A(t)\,\mathrm{d}t + C_{\text{m}} \sum_{j=1}^{k_2} \int_{\tau_{j-1}}^{\tau_j} r_{\text{BWP}} A(t)\,\mathrm{d}t + C_{\text{m}} \int_{\tau_{k_2}}^{L} r_{\text{BWP}} A(t)\,\mathrm{d}t \right] \leqslant C_{\text{dd}} \int_0^L r(t) A(t)\,\mathrm{d}t +$$

$$C_{\text{m}} \int_W^L r(t) A(t)\,\mathrm{d}t \Rightarrow C_{\text{pm}} \leqslant A_{\text{BB}}$$

其中

$$
\begin{aligned}
A_{BB} =& \left[C_{dd}\int_0^L r(t)A(t)\,dt + C_m\int_W^L r(t)A(t)\,dt \right] - \left[C_{dd}\int_0^W r_{BW}A(t)\,dt \right. \\
&+ C_{dd}\sum_{j=1}^{k_2}\int_{\tau_{j-1}}^{\tau_j} r_{BWP}A(t)\,dt + C_{dd}\int_{\tau_{k_2}}^L r_{BWP}A(t)\,dt \\
&\left. + C_m\sum_{j=1}^{k_2}\int_{\tau_{j-1}}^{\tau_j} r_{BWP}A(t)\,dt + C_m\int_{\tau_{k_2}}^L r_{BWP}A(t)\,dt \right]
\end{aligned}
\tag{3.8}
$$

3）当卖方采取预防性维修策略 C 时，买方愿意投资产品生命周期内预防性维修费用的条件为

$$
C_{YCB} \leqslant C_{NB} \Rightarrow C_{pm} + \left[C_{dd}\sum_{j=1}^{k_4}\int_{\tau_{j-1}}^{\tau_j} r_{CW}A(t)\,dt + C_{dd}\int_{\tau_{k_4}}^W r_{CW}A(t)\,dt + C_{dd}\int_W^{\tau_{k_4+1}} r_{CWP}A(t)\,dt + \right.
$$

$$
C_{dd}\sum_{j=k_4+1}^{k_3}\int_{\tau_{j-1}}^{\tau_j} r_{CWP}A(t)\,dt + C_{dd}\int_{\tau_{k_3}}^L r_{CWP}A(t)\,dt + C_m\int_W^{\tau_{k_4+1}} r_{CWP}A(t)\,dt +
$$

$$
\left. C_m\sum_{j=k_4+1}^{k_3}\int_{\tau_{j-1}}^{\tau_j} r_{CWP}A(t)\,dt + C_m\int_{\tau_{k_3}}^L r_{CWP}A(t)\,dt + C_{pm} \right] \leqslant
$$

$$
C_{dd}\int_0^L r(t)A(t)\,dt + C_m\int_W^L r(t)A(t)\,dt \Rightarrow C_{pm} \leqslant A_{CB}
$$

其中

$$
A_{CB} = \left[C_{dd}\int_0^L r(t)A(t)\,dt + C_m\int_W^L r(t)A(t)\,dt \right] - \left[C_{dd}\sum_{j=1}^{k_4}\int_{\tau_{j-1}}^{\tau_j} r_{CW}A(t)\,dt + \right.
$$

$$
C_{dd}\int_{\tau_{k_4}}^W r_{CW}A(t)\,dt + C_{dd}\int_W^{\tau_{k_4+1}} r_{CWP}A(t)\,dt + C_{dd}\sum_{j=k_4+1}^{k_3}\int_{\tau_{j-1}}^{\tau_j} r_{CWP}A(t)\,dt +
$$

$$
\tag{3.9}
$$

$$
C_{dd}\int_{\tau_{k_3}}^L r_{CWP}A(t)\,dt + C_m\int_W^{\tau_{k_4+1}} r_{CWP}A(t)\,dt + C_m\sum_{j=k_4+1}^{k_3}\int_{\tau_{j-1}}^{\tau_j} r_{CWP}A(t)\,dt +
$$

$$
\left. C_m\int_{\tau_{k_3}}^L r_{CWP}A(t)\,dt + C_{pm} \right] \leqslant C_{dd}\int_0^L r(t)A(t)\,dt + C_m\int_W^L r(t)A(t)\,dt
$$

综上，当买方投资的预防性维修费用 C_{pm} 少于或等于卖方实施预防性维修活动后，由于故障停机次数减少而减少了生产损失费用和保修期后的故障维修费用时，买方愿意投资预防性维修费用。

3.1.6 卖方愿意在产品生命周期内进行预防性维修的条件分析

设 $C_{Y/S}$ 表示卖方接受买方的预防性维修投资后，在产品的整个生命周期内实施预防性维修，所产生的费用，I 表示策略 A、B 或 C，C_{NS} 表示产品生命周期内无预防性维修时的卖方费用。

1）当卖方采取预防性维修策略 A 时，卖方愿意在保修期内进行预防性维修的条件为

$$C_{YAS} \leqslant C_{NS} \Rightarrow \left[C_m \sum_{j=1}^{k_1} \int_{\tau_{j-1}}^{\tau_j} r_{AW} A(t)\, dt + C_m \int_{\tau_{k_1}}^{W} r_{AW} A(t)\, dt + C_p \sum_{j=1}^{k_1} \int_{\tau_{j-1}}^{\tau_j} r_{AW} A(t)\, dt + \right.$$

$$\left. C_p \int_{\tau_{k_1}}^{W} r_{AW} A(t)\, dt + C_p \int_{W}^{L} r_{AWP} A(t)\, dt + k_1 C_{pm}(m) \int_0^{W} A(t)\, dt \right] -$$

$$C_{pm} \leqslant C_m \int_0^{W} r(t) A(t)\, dt \Rightarrow C_{pm} \geqslant A_{AS}$$

其中

$$A_{AS} = \left[C_m \sum_{j=1}^{k_1} \int_{\tau_{j-1}}^{\tau_j} r_{AW} A(t)\, dt + C_m \int_{\tau_{k_1}}^{W} r_{AW} A(t)\, dt + C_p \sum_{j=1}^{k_1} \int_{\tau_{j-1}}^{\tau_j} r_{AW} A(t)\, dt + \right.$$

$$\left. C_p \int_{\tau_{k_1}}^{W} r_{AW} A(t)\, dt + C_p \int_{W}^{L} r_{AWP} A(t)\, dt + k_1 C_{pm}(m) \int_0^{W} A(t)\, dt \right] - \qquad (3.10)$$

$$C_m \int_0^{W} r(t) A(t)\, dt$$

2）当卖方采取预防性维修策略 B 时，卖方愿意在保修期后进行预防性维修的条件为

$$C_{YBS} \leqslant C_{NS} \Rightarrow C_m \int_0^W r_{BW} dt + C_p \int_0^W r_{BW} A(t) dt +$$

$$C_p \sum_{j=1}^{k_2} \int_{\tau_{j-1}}^{\tau_j} r_{BWP} A(t) dt + C_p \int_{\tau_{k_2}}^L r_{BWP} A(t) +$$

$$k_2 C_{pm}(m) \int_W^L A(t) dt - C_{pm} \leqslant C_m \int_0^W r(t) A(t) dt \Rightarrow C_{pm} \geqslant A_{BS}$$

其中

$$A_{BS} = \left[C_m \int_0^W r_{BW} A(t) dt + C_p \int_0^W r_{BW} A(t) dt + C_p \sum_{j=1}^{k_2} \int_{\tau_{j-1}}^{\tau_j} r_{BWP} A(t) dt + \right.$$

$$\left. C_p \int_{\tau_{k_2}}^L r_{BWP} A(t) + k_2 C_{pm}(m) \int_W^L A(t) dt \right] - C_m \int_0^W r(t) A(t) dt \tag{3.11}$$

3）当卖方采取预防性维修策略C时，卖方愿意在产品生命周期内进行预防性维修的条件为

$$C_{YCS} \leqslant C_{NS} \Rightarrow \left[C_m \sum_{j=1}^{k_4} \int_{\tau_{j-1}}^{\tau_j} r_{CW} A(t) dt + C_m \int_{\tau_{k_4}}^W r_{CW} A(t) dt + C_p \sum_{j=1}^{k_4} \int_{\tau_{j-1}}^{\tau_j} r_{CW} A(t) dt + \right.$$

$$C_p \int_{\tau_{k_4}}^W r_{CW} A(t) dt + C_p \int_W^{\tau_{k_4+1}} r_{CWP} A(t) dt + C_p \sum_{j=k_3+1}^{k_3} \int_{\tau_{j-1}}^{\tau_j} r_{CWP} A(t) dt +$$

$$\left. C_p \int_{\tau_{k_3}}^L r_{CWP} A(t) dt + k_3 C_{pm}(m) \int_0^L A(t) dt \right] - C_{pm} \leqslant C_m \int_0^W r(t) A(t) dt \Rightarrow C_{pm} \geqslant A_{CS}$$

其中

$$A_{CS} = \left[C_m \sum_{j=1}^{k_4} \int_{\tau_{j-1}}^{\tau_j} r_{CW} A(t) dt + C_m \int_{\tau_{k_4}}^W r_{CW} A(t) dt + C_p \sum_{j=1}^{k_4} \int_{\tau_{j-1}}^{\tau_j} r_{CW} A(t) dt + \right.$$

$$C_p \int_{\tau_{k_4}}^W r_{CW} A(t) dt + C_p \int_W^{\tau_{k_4+1}} r_{CWP} A(t) dt + C_p \sum_{j=k_3+1}^{k_3} \int_{\tau_{j-1}}^{\tau_j} r_{CWP} A(t) dt + \tag{3.12}$$

$$\left. C_p \int_{\tau_{k_3}}^L r_{CWP} A(t) dt + k_3 C_{pm}(m) \int_0^L A(t) dt \right] - C_m \int_0^W r(t) A(t) dt$$

综上，当卖方接受的预防性维修费用 C_{pm} 大于或等于由于实施预防性维修而增加的维修费用时，卖方愿意接受预防性维修。

3.1.7 对买方投资预防性维修费用双方双赢的条件分析

由上述分析可知，对买方投资预防性维修费用，卖方愿意接受的理论条件是：$A_{IB} \geq A_{IS}$，且 $C_{pm} \in [A_{IS}, A_{IB}]$，$I$ 表示策略 A、B 或 C。

（1）对策略 A 和 C 的分析

1）对策略 A 的分析。

为了方便分析，假设 $T = \dfrac{W}{k_1}$，则 $\tau_j = j\dfrac{W}{k_1}$。当卖方采取预防性维修策略 A 时，双方双赢的条件为

$$
(C_{dd} + C_m)\left[\int_0^W r(t)A(t)\,dt - \sum_{j=1}^{k_1}\int_{\tau_{j-1}}^{\tau_j} r_{AW}A(t)\,dt\right] +
$$

$$
(C_{dd} + C_m)\int_W^L \left[r(t)A(t) - r_{AWP}A(t)\right]dt \geq \tag{3.13}
$$

$$
C_p\sum_{j=1}^{k_1}\int_{\tau_{j-1}}^{\tau_j} r_{AW}A(t)\,dt + C_p\int_W^L r_{AWP}A(t)\,dt + k_1 C_{pm}(m)\int_0^W A(t)\,dt
$$

令 $R_{A1} = \displaystyle\int_0^W r(t)A(t)\,dt,$

$$
R_{A2} = \sum_{j=1}^{k_1}\int_{\tau_{j-1}}^{\tau_j} r_{AW}A(t)\,dt,
$$

$$
R_{A3} = \int_0^W r(t)A(t)\,dt - \sum_{j=1}^{k_1}\int_{\tau_{j-1}}^{\tau_j} r_{AW}A(t)\,dt = R_{A1} - R_{A2},
$$

$$
R_{A4} = \int_W^L r(t)A(t)\,dt,
$$

$$
R_{A5} = \int_W^L r_{AWP}A(t)\,dt,
$$

$$R_{A6} = \int\limits_W^L [r(t)A(t) - r_{AWP}A(t)]\,dt = R_{A4} - R_{A5} \tag{3.14}$$

则双赢条件为

$$\begin{aligned} A_{AB} &= C_{dd}R_{A3} + \left(C_{dd} + C_m\right)R_{A6} \geqslant A_{AS} \\ &= -C_m R_{A3} + C_p\left(R_{A2} + R_{A5}\right) + k_1 C_{pm}(m)\int\limits_0^W A(t)\,dt \end{aligned} \tag{3.15}$$

2）对策略 C 的分析。

为了方便分析，假设 $T = \dfrac{L}{k_3}$，且 $\tau_{k_4} = W$ 和 $\tau_{k_3} = L$，则 $\tau_j = j\dfrac{L}{k_3}$，$j = 1, 2, \cdots, k_4 + 1, k_4 + 2, \cdots, k_3$。当卖方采取预防性维修策略 C 时，双方双赢的条件为

$$\begin{aligned} &\left(C_{dd} + C_m\right)\left[\int\limits_0^W r(t)A(t)\,dt - \sum_{j=1}^{k_4}\int\limits_{\tau_{j-1}}^{\tau_j} r_{CW}A(t)\,dt\right] + \\ &\left(C_{dd} + C_m\right)\left[\int\limits_W^L r(t)A(t)\,dt - \sum_{j=k_4+1}^{k_3}\int\limits_{\tau_{j-1}}^{\tau_j} r_{CWP}A(t)\,dt\right] \geqslant \end{aligned} \tag{3.16}$$

$$C_p\sum_{j=1}^{k_4}\int\limits_{\tau_{j-1}}^{\tau_j} r_{CW}A(t)\,dt + C_p\sum_{j=k_4+1}^{k_3}\int\limits_{\tau_{j-1}}^{\tau_j} r_{CWP}A(t)\,dt + k_3 C_{pm}(m)\int\limits_0^L A(t)\,dt$$

令 $R_{C1} = \int\limits_0^W r(t)A(t)\,dt$，

$$R_{C2} = \sum_{j=1}^{k_4}\int\limits_{\tau_{j-1}}^{\tau_j} r_{CW}A(t)\,dt,$$

$$R_{C3} = \int\limits_0^W r(t)A(t)\,dt - \sum_{j=1}^{k_4}\int\limits_{\tau_{j-1}}^{\tau_j} r_{CW}A(t)\,dt = R_{C1} - R_{C2},$$

$$R_{C4} = \int\limits_W^L r(t)A(t)\,dt,$$

$$R_{C5} = \sum_{j=k_4+1}^{k_3} \int_{\tau_{j-1}}^{\tau_j} r_{CWP} A(t) \, dt,$$

$$R_{C6} = \int_W^L r(t) A(t) \, dt - \sum_{j=k_4+1}^{k_3} \int_{\tau_{j-1}}^{\tau_j} r_{CWP} A(t) \, dt = R_{C4} - R_{C5} \tag{3.17}$$

则双赢条件为

$$A_{CB} = C_{dd} R_{C3} + (C_{dd} + C_m) R_{C6} \geq A_{CS}$$

$$= -C_m R_{C3} + C_p (R_{C2} + R_{C5}) + k_3 C_{pm}(m) \int_0^L A(t) \, dt \tag{3.18}$$

由式（3.13）、式（3.15）、式（3.16）和式（3.18）可以看出，对于策略 A 和 C，双赢条件的表达形式相似，因此设 I 表示策略 A 或策略 C。

R_{I1} 的物理意义为：在保修期内，无预防性维修时的单位费用；

R_{I2} 的物理意义为：保修期内进行预防性维修后，保修期内的单位费用；

R_{I3} 的物理意义为：由于进行预防性维修，保修期内减少的单位费用；

R_{I4} 的物理意义为：产品生命周期内，无预防性维修，保修期后的单位费用；

R_{I5} 的物理意义为：由于进行预防性维修，保修期后的单位费用；

R_{I6} 的物理意义为：由于进行预防性维修，保修期后减少的单位费用。

由 $A_{IS} = -C_m R_{I3} + C_p (R_{I2} + R_{I5}) + \mathrm{PM}$ [PM 为预防性维修费用，具体表达式为 $k_1 C_{pm}(m) \int_0^W A(t) \, dt$ 或 $k_3 C_{pm}(m) \int_0^L A(t) \, dt$] 可知，$C_p (R_{I2} + R_{I5}) + \mathrm{PM}$ 为进行预防性维修后产生的产品生命周期内卖方的费用，$C_m R_{I3}$ 为保修期内进行预防性维修而减少的维修费用，因此 A_{IS} 为实施预防性维修后，产品生命周期内卖方的费用。当减少的维修费用大于进行预防性维修而产生的产品生命周期内卖方的费用时，A_{IS} 为负值。这表明由于进行预防性维修，卖方获得了较大的收益。此时双赢区间变为 $[0, A_{IB}]$。也就是说，即使买方不投资预防性维修费用，卖方也愿意承担预防性维修费用。因此双赢区间为 $[\max(A_{IS}, 0), A_{IB}]$。

由 $A_{IS} = -C_m R_{I3} + C_p (R_{I2} + R_{I5}) + \mathrm{PM}$ 还可以看出，当加强预防性维

（增加k和m）时，R_{I2}和R_{I5}将减少，R_{I3}将增加，即$-C_mR_{I3} + C_p(R_{I2} + R_{I5})$是变量$k$和$m$的减函数，而PM是变量$k$和$m$的增函数。因此，在预防性维修费用和维修及惩罚费用之间存在最优的预防性维修策略k^*和m^*，使得A_{IS}最小。因此，卖方在愿意接受预防性维修费用时，最佳的k^*和m^*的确定需要研究。

式（3.15）和式（3.18）分别被整理为

$$(C_{dd} + C_m)(R_{A3} + R_{A6}) \geqslant C_p(R_{A2} + R_{A5}) + k_1 C_{pm}(m) \int_0^W A(t)\,dt \qquad (3.19)$$

$$(C_{dd} + C_m)(R_{C3} + R_{C6}) \geqslant C_p(R_{C2} + R_{C5}) + k_3 C_{pm}(m) \int_0^L A(t)\,dt \qquad (3.20)$$

$(C_{dd} + C_m)(R_{I3} + R_{I6})$是进行预防性维修后减少的费用，而$C_p(R_{I2} + R_{I5}) +$ PM为进行预防性维修所产生的费用。式（3.17）和式（3.18）的物理意义是：产品生命周期内，当由于预防性维修而减少的费用不少于进行预防性维修所产生的费用时，双方存在双赢区间。

式（3.19）和式（3.20）分别被整理为

$$R_{A3} + R_{A6} \geqslant \frac{C_p(R_{A2} + R_{A5}) + k_1 C_{pm}(m) \int_0^W A(t)\,dt}{C_{dd} + C_m} \qquad (3.21)$$

$$R_{C3} + R_{C6} \geqslant \frac{C_p(R_{C2} + R_{C5}) + k_3 C_{pm}(m) \int_0^L A(t)\,dt}{C_{dd} + C_m} \qquad (3.22)$$

（2）对策略B的分析

为了分析的方便，假设$T = \dfrac{L - W}{k_2}$，则$\tau_j = W + j\dfrac{L - W}{k_2}$。当卖方采取预防性维修策略B时，双方双赢的条件为

$$(C_{dd} + C_m)\left[\int_W^L r(t) A(t)\,dt - \sum_{j=1}^{k_2} \int_{\tau_{j-1}}^{\tau_j} r_{BWP} A(t)\,dt \right] \geqslant$$

$$C_p \int_0^W r(t) A(t)\,dt + C_p \sum_{j=1}^{k_2} \int_{\tau_{j-1}}^{\tau_j} r_{BWP} A(t)\,dt + k_2 C_{pm}(m) \int_W^L A(t)\,dt \qquad (3.23)$$

$$令 R_{B4} = \int_0^W r(t) A(t) \, dt, \quad R_{B2} = \sum_{j=1}^{k_2} \int_{\tau_{j-1}}^{\tau_j} r_{BWP} A(t) \, dt, \quad R_{B1} = \int_W^L r(t) A(t) \, dt,$$

$$R_{B3} = \int_W^L r(t) \, dt - \sum_{j=1}^{k_2} \int_{\tau_{j-1}}^{\tau_j} r_{BWP} A(t) \, dt = R_{B1} - R_{B2} \quad (3.24)$$

R_{B1} 的物理意义为：在保修期后，无预防性维修的单位费用；

R_{B2} 的物理意义为：保修期后进行预防性维修后，保修期后的单位费用；

R_{B3} 的物理意义为：保修期后进行预防性维修而减少的单位费用；

R_{B4} 的物理意义为：保修期内无预防性维修的单位费用。

则

$$A_{BB} = (C_{dd} + C_m) R_{B3} \geqslant A_{BS} = C_p (R_{B4} + R_{B2}) + k_2 C_{pm}(m) \int_W^L A(t) \, dt \quad (3.25)$$

由 $A_{BS} = C_p (R_{B4} + R_{B2}) + k_2 C_{pm}(m) \int_W^L A(t) \, dt$ 可知，$C_p (R_{B4} + R_{B2}) + k_2 C_{pm}(m)$

$\int_W^L A(t) \, dt$ 为保修期后进行预防性维修而产生的产品生命周期内卖方的费用，

A_{BS} 为正值。

从 $A_{BS} = C_p (R_{B4} + R_{B2}) + k_2 C_{pm}(m) \int_W^L A(t) \, dt$ 还可以看出，当加强预防性维

修（增加 k_2 和 m）时，R_{B2} 将减少，R_{B3} 将增加，即 $C_p (R_{B4} + R_{B2})$ 是变量 k 和 m

的减函数，而 $k_2 C_{pm}(m) \int_W^L A(t) \, dt$ 是变量 k 和 m 的增函数。因此，在预防性维

修费用和维修及惩罚费用之间存在最优的预防性维修策略 k^* 和 m^*，使得 A_{BS}

最小。

$(C_{dd} + C_m) R_{B3}$ 是进行预防性维修后减少的费用，而 $C_p (R_{B4} + R_{B2}) +$

$k_2 C_{pm}(m) \int_W^L A(t) \, dt$ 为进行预防性维修所产生的费用。式（3.25）的物理意义

是：在产品生命周期内，当由于被实施预防性维修而使得买方减少的费用大

于或等于卖方执行预防性维修所产生的费用时，存在双赢区间。

公式（3.25）被整理为

$$R_{B3} \geqslant \frac{C_p(R_{B4} + R_{B2}) + k_2 C_{pm}(m) \int\limits_W^L A(t)\,\mathrm{d}t}{C_{dd} + C_m} \qquad (3.26)$$

3.1.8 故障率、各种费用及折现因子对双赢区间的影响分析

由式（3.21）、式（3.22）和式（3.26）可知，双赢区间与卖方预防性维修策略，产品故障率，各种费用C_{dd}、C_m、C_p和单位预防性维修费用C_{pmm}以及折现因子$A(t)$有关。

（1）卖方的预防性维修策略（策略A、策略B和策略C）对双赢区间的影响

1）假设$W = \dfrac{L}{2}$，$k_1 = k_2 = \dfrac{k_3}{2} = k_4$，由式（3.14）、式（3.17）和式（3.24）可知，$R_{A3} = R_{C3}$，$R_{A2} < R_{B4}$，$R_{C6} > R_{A6} > R_{B3}$，$R_{B2} > R_{A5} > R_{C5}$，$R_{A2} = R_{C2}$，所以，$R_{B4} + R_{B2} > R_{A2} + R_{A5} > R_{C2} + R_{C5}$，$R_{B3} < R_{A3} + R_{A6} < R_{C6} + R_{C3}$。由式（3.21）、式（3.22）和式（3.26）可知，式（3.21）更易成立。也就是说，卖方采用预防性维修策略A，双方获得双赢的可能性大于采用预防性维修策略B。

2）如果保修期W较短，在相同的T和m下，得$k_1 < k_2 < k_3$，则由式（3.14）、式（3.17）和式（3.24）可知，对于策略A，R_{A2}和R_{A5}较大，即预防性维修后，保修期内和保修期后的单位费用较高，因此，R_{A3}和R_{A6}较小，即预防性维修后，保修期内和保修期后减少的单位费用较少。而对于策略B，由于$L - W$较长，R_{B2}较小，即保修期后的预防性维修大大降低了单位费用，使得R_{B3}增加。因此，较之式（3.21），式（3.26）更易成立，即对于保修期较短的产品，卖方采用预防性维修策略B，双方更易获得双赢。

3）如果产品保修期W较长，则与2）相反，卖方采用预防性维修策略A，双方更易获得双赢。

4) 如果预防性维修费用较低，从式（3.21）、式（3.22）和式（3.26）可知，式（3.22）更易成立，即较之其他两种策略，卖方采用预防性维修策略C，双方更易获得双赢。

（2）故障率对双赢区间的影响

在费用 C_p、C_{dd}、C_m 和 C_{pmm} 一定的情况下，如果产品的故障率非常高，那么卖方将会加强预防性维修，使得预防性维修更有效，以减少生命周期内产品故障次数，从而降低实施预防性维修后的费用。因此，对于故障率高的产品，不论卖方采取哪种预防性维修策略，适当地加强预防性维修则双方存在双赢区间的可能性更大。而由式（3.14）、式（3.17）和式（3.24）可知，$R_{A3} + R_{A6} < R_{C6} + R_{C3}$，$R_{B3} < R_{C6} + R_{C3}$，并且 $R_{B4} + R_{B2} > R_{C2} + R_{C5}$，$R_{A2} + R_{A5} > R_{C2} + R_{C5}$。也就是说，当产品故障率高时，卖方采用预防性维修策略C，可以增强预防性维修的效果，减少产品的单位费用。因此，由式（3.21）、式（3.22）和式（3.26）可知，在预防性维修费用不高的情况下，式（3.22）更易成立，即卖方采取预防性维修策略C，双方更易获得双赢。如果产品的故障率低，不论卖方采取哪种预防性维修策略，若加强预防性维修，那么将会使实施预防性维修后的费用增高，而不利于双赢区间的产生。

（3）各种费用对双赢区间的影响

假设产品的故障率给定。

1) 不论卖方采取哪种预防性维修策略，随着 C_{dd} 值的增加，式（3.21）、式（3.22）和式（3.26）都容易成立，即 C_{dd} 值越大，双方更易获得双赢。这表明当除去惩罚费用的一次净生产损失费用更大时，买方能够承受更高的投资，以使卖方执行预防性维修，减少产品故障停机的生产损失。

2) 不论卖方采取哪种预防性维修策略，随着 C_m 值的增加，式（3.21）、式（3.22）和式（3.26）都容易成立，即 C_m 值越大，双方越容易获得双赢。并且因为 C_m 值越大，$C_m R_{A3}$ 和 $C_m R_{C3}$ 值越大，即由于预防性维修而减少的保修期内卖方的维修费用增加，将减少实施预防性维修后卖方的费用。而 C_m 值越大，产品的一次故障停机所造成的买方保修期后的维修费用越增加，因此，买方能够承受越高的投资，以使卖方执行预防性维修，减少产品故障次数。

3）不论卖方采取哪种预防性维修策略，C_p 值越小，式（3.21）、式（3.22）、式（3.26）都更容易满足，双方更容易获得双赢。这表明，减少一次故障停机的惩罚费用 C_p 将降低实施预防性维修后卖方的费用，双方更容易实现双赢。

4）不论卖方采取哪种预防性维修策略，C_{pmm} 值越小，式（3.21）、式（3.22）和式（3.26）都越易满足，双方越容易获得双赢。这表明若单位预防性维修费用较小，那么在一定的预防性维修策略下，实施预防性维修后卖方的费用也较小，因此双方容易获得双赢。

（4）折现因子对双赢区间的影响

将未来收入折算成等价的现值称为折现，所使用的利率则通称为折现率。将来的现金折算成现值的大小取决于折现率的高低和投资期长短。在投资期不变的前提下，折现率越高，其现值越低；在相同的利率水平下，投资期越长，现值越低。折现因子的计算公式有：

单利折现因子 $\dfrac{1}{1 + n \times h}$；

复利折现因子 $\dfrac{1}{(1 + h)^n}$；

连续复利折现因子 $e^{-n \times h}$。

其中，h 表示折现率，n 表示投资期。

在相同的 h 和 n 下，$\dfrac{1}{1 + n \times h} > \dfrac{1}{(1 + h)^n} > e^{-nh}$。

1）折现因子对双赢的影响。

式（3.19）、式（3.20）和式（3.25）表明双赢区间存在的条件是产品生命周期内，由于预防性维修减少的费用不少于实施预防性维修所产生的费用。与式（3.19）、式（3.20）和式（3.25）相似，模型中未引入折现因子时，策略 A、B 和 C 下的双赢条件分别为：

$$(C_{dd} + C_m)(R'_{A3} + R'_{A6}) \geqslant C_p(R'_{A2} + R'_{A5}) + k_1 C_{pm}(m)$$

$$(C_{dd} + C_m)(R'_{C3} + R'_{C6}) \geq C_p(R'_{C2} + R'_{C5}) + k_3 C_{pm}(m)$$

$$(C_{dd} + C_m)R'_{B3} \geq C_p(R'_{B4} + R'_{B2}) + k_2 C_{pm}(m)$$

其中，$R'_{A2} = \sum_{j=1}^{k_1} \int_{\tau_{j-1}}^{\tau_j} r_{AW} dt$，$R'_{A3} = \int_0^W r(t) dt - R'_{A2}$，$R'_{A5} = \int_W^L r_{AWP} dt$，

$R'_{A6} = \int_W^L r(t) dt - R'_{A5}$，$R'_{C2} = \sum_{j=1}^{k_4} \int_{\tau_{j-1}}^{\tau_j} r_{CW} dt$，$R'_{C3} = \int_0^W r(t) dt - R'_{C2}$，

$R'_{C5} = \sum_{j=k_4+1}^{k_3} \int_{\tau_{j-1}}^{\tau_j} r_{CWP} dt$，$R'_{C6} = \int_W^L r(t) dt - R'_{C5}$，$R'_{B2} = \sum_{j=1}^{k_2} \int_{\tau_{j-1}}^{\tau_j} r_{BWP} dt$，

$R'_{B3} = \int_W^L r(t) dt - R'_{B2}$。

因为折现因子 $0 \leq A(t) \leq 1$，所以不等式 $R'_{A2} > R_{A2}$，$R'_{A5} > R_{A5}$，$R'_{A3} > R_{A3}$，$R'_{A6} > R_{A6}$，$R'_{C2} > R_{C2}$，$R'_{C5} > R_{C5}$，$R'_{C3} > R_{C3}$，$R'_{C6} > R_{C6}$，$R'_{B2} > R_{B2}$，$R'_{B3} > R_{B3}$ 成立。

当单位预防性维修费用较低时，加强预防性维修（增加维修的数量和维修的度），使得故障次数降低（R'_{A2}、R'_{A5}、R'_{C2}、R'_{C5} 和 R'_{B2} 减少），同时使得由于实施预防性维修而减少的故障次数增加（R'_{A3}、R'_{A6}、R'_{C3}、R'_{C6} 和 R'_{B3} 增加）。这样，策略 A、B 和 C 的双赢区间上限与下限之差 d 增加。如果由于预防性维修减少的费用远大于实施预防性维修所产生的费用，即双赢区间上限与下限的差值 d 较大，那么引入折现因子后，买方与卖方仍然容易实现双赢，即双赢区间存在。反之，如果 d 较小，那么引入折现因子后，双方可能无法实现双赢。因此，当引入折现因子后，在卖方进行积极有效的预防性维修的情况下，双方容易实现双赢。

2）折现因子对买方所能投资的最高预防性维修费用 A_{IB} 和卖方所能承受买方投资的最小预防性维修费用 A_{IS} 的影响。

将式（3.15）、式（3.18）和式（3.25）整理为

$$A_{IB} = \int_0^L S_1(t, k, m) A(t) dt \geq A_{IS} = \int_0^L S_2(t, k, m) A(t) dt \tag{3.27}$$

式中，$S_1(t, k, m) = \begin{cases} C_{dd}[r(t) - r_{IW}], & 0 \leqslant t \leqslant W \\ (C_{dd} + C_m)[r(t) - r_{IWP}], & W < t \leqslant L \end{cases}$

$S_2(t, k, m) = \begin{cases} -C_m r(t) + (C_m + C_p) r_{IW} + k' C_{pm}(m), & 0 \leqslant t \leqslant W \\ C_p r_{IWP} + k'' C_{pm}(m), & W < t \leqslant L \end{cases}$

I 表示 A、B 和 C 策略。当采用 A 策略时，$k' = k_1$，$k'' = 0$；当采用 B 策略时，$k' = 0$，$k'' = k_2$；当采用 C 策略时，$k' = k_4$，$k'' = k_3 - k_4$。

式（3.27）表明，由于 $S_1(t, k, m) > 0, t \in [0, L]$，所以 $S_1(t, k, m) A(t) \leqslant S_1(t, k, m)$。也就是说，将折现因子引入决策模型后，买方所能投资的最高预防性维修费用 A_{IB} 将少于未引入折现因子时的买方所能投资的最高预防性维修费用（记为 A'_{IB}），即 $A_{IB} < A'_{IB}$，且较之其他两种折现因子，引入连续复利折现因子时，A_{IB} 最小。同时，因为 $A(t)$ 是关于折现率 h 的减函数，所以折现率越小，A_{IB} 越大。

由式（3.27）可知，当 $0 \leqslant t \leqslant W$ 时，$S_2(t, k, m)$ 可能为正值也可能为负值，因此未引入折现因子时卖方所能承受买方支付的最小预防性维修费用（记为 A'_{IS}）可能为正值也可能为负值。如果单位预防性维修费用较低，加强预防性维修，r_{IW} 和 r_{IWP} 将降低，那么卖方实施预防性维修而产生的费用 $[(C_m + C_p) r_{IW} + k' C_{pm}(m)$ 和 $C_p r_{IWP} + k'' C_{pm}(m)]$ 将减少，使得 $S_2(t, k, m)$ $(0 \leqslant t \leqslant W)$ 远小于 0，从而 A'_{IS} 可能远小于 0。因此，引入折现因子后，A_{IS} 仍然可能远小于 0。如果卖方不进行积极有效的预防性维修，r_{IW} 和 r_{IWP} 将增加，那么卖方实施预防性维修而产生的费用 $[(C_m + C_p) r_{IW} + k' C_{pm}(m)$ 和 $C_p r_{IWP} + k'' C_{pm}(m)]$ 将增加，使得 $S_2(t, k, m)$ $(0 \leqslant t \leqslant W)$ 远大于 0，从而 A'_{IS} 可能远大于 0。因此，引入折现因子后，A_{IS} 仍然可能远大于 0。如果实施预防性维修后，卖方减少的维修费用与产生的费用相近，那么，A'_{IS} 接近于 0。在这种情况下，引入折现因子后，A_{IS} 可能与 A'_{IS} 的正负性相反。

综上，当单位预防性维修费用较低时，加强预防性维修，可以使得当引入折现因子或引入折现率较小的折现因子时，买方和卖方获得双赢，并且与未引入折现因子或引入具有较高折现率的折现因子相比，双赢区间的上限值较小，即买方所能投资的最高预防性维修费用较少，卖方所能承受买方支付的最小预防性维修费用较小甚至为负值。

3.2 实验分析

本节采用威布尔分布的故障率来验证上述分析。威布尔分布的故障率定义见式（2.16）。

3.2.1 故障率函数对双赢区间的影响

由式（2.16）可知，当 λ 给定，α 越大，则故障率越大；当 α 给定，λ 越小，则故障率越大。这里取 $\lambda = 1$，$\alpha = 2$；$\lambda = 4$，$\alpha = 2$ 两组参数值来分析不同故障率对双赢区间的影响。

1）策略 A 的故障率表达式。

$$v_j(m) = j\varphi(m)\frac{W}{k_1}, \quad 1 \leqslant j \leqslant k_1; j = 1, 2, \cdots, v_0 = 0$$

$$r_{\text{AW}}(\lambda = 1, \alpha = 2) = 2\left\{(j-1)\frac{W}{k_1}[\varphi(m)-1]+t\right\} \tag{3.28}$$

$$\tau_{j-1} \leqslant t < \tau_j \leqslant W, j = 1, 2, \cdots, k_1$$

$$r_{\text{AWP}}(\lambda = 1, \alpha = 2) = 2\left\{(k_1-1)\frac{W}{k_1}[\varphi(m)-1]+t\right\}, W \leqslant t \leqslant L \tag{3.29}$$

2）策略 B 的故障率表达式。

$$v_j(m) = W + (j-1)\varphi(m)\frac{L-W}{k_2}, \quad 1 \leqslant j \leqslant k_2; v_0 = W$$

$$r_{\text{BW}}(\lambda = 1, \alpha = 2) = r(t) = 2t, 0 \leqslant t \leqslant W \tag{3.30}$$

$$r_{\text{BWP}}(\lambda = 1, \alpha = 2) = 2\left\{(j-1)[\varphi(m)-1]\frac{L-W}{k_2}+t\right\}, W \leqslant t \leqslant L \tag{3.31}$$

3）策略 C 的故障率表达式。

$$v_j(m) = j\varphi(m)\frac{L}{k_3}, \quad 1 \leqslant j \leqslant k_3, j = 1, 2, \cdots, k_3; v_0 = 0$$

$$r_{CW}(\lambda = 1, \ \alpha = 2) = 2\left\{(j-1)\frac{W}{k_4}\left[\varphi(m) - 1\right] + t\right\} \tag{3.32}$$

$$0 \leqslant t \leqslant W; j = 1, 2, \cdots, k_4$$

$$r_{CWP}(\lambda = 1, \ \alpha = 2) = 2\left\{(j-1)\frac{L}{k_3}\left[\varphi(m) - 1\right] + t\right\} \tag{3.33}$$

$$W \leqslant t \leqslant L; \ j = k_4 + 1, k_4 + 2, \cdots, k_3$$

图 3-1 和图 3-2 表达了在 $r(\lambda = 1, \alpha = 2)$ 和 $r(\lambda = 4, \alpha = 2)$ 的故障率下，不同预防性维修策略 A_{JB} 和 A_{JS} 随预防性维修数量的变化趋势。其中 $C_{dd} = 1000$，$C_p = 100$，$C_m = 400$，$C_{pmm} = 100$，$W = 3$，$L = 9$。

由图 3-1、图 3-2 和表 3-1 可知，不论在何种预防性维修策略下，当加强预防性维修，尤其是加强预防性维修程度时，对于故障率高的产品，双方更易获得双赢区间。而对于故障率低的产品，由于加强预防性维修，而大大增加卖方预防性维修的费用，使得因预防性维修而节省下来的费用远小于预防性维修

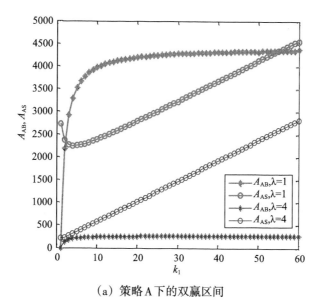

（a）策略 A 下的双赢区间

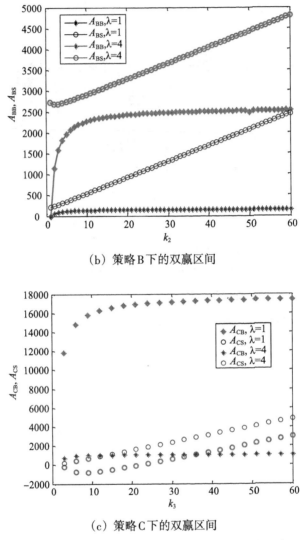

（b）策略 B 下的双赢区间

（c）策略 C 下的双赢区间

图3-1　m=0.2时不同故障率各预防性维修策略下的双赢区间

后的费用。因此，各预防性维修策略下，双方不易产生双赢区间。这表明当买方投资预防性维修时，在预防性维修数量和维修度一定的情况下，产品故障率越大，双方越容易实现双赢。由图3-1、图3-2和表3-1还可知，随着预防性维修数量和维修度的加强，对于预防性维修策略A和C，买方所能承担的最高预防性维修投资逐渐增加，说明买方愿意承担更高的预防性维修投资，使得卖方加强预防性维修，降低产品故障次数；而卖方所能接受的预防性维修费用则没有随预防性维修数量和维修度的增加而增加，而是存在最优的预防性维修数量和维修度使得卖方所能接受的预防性维修费用最小。

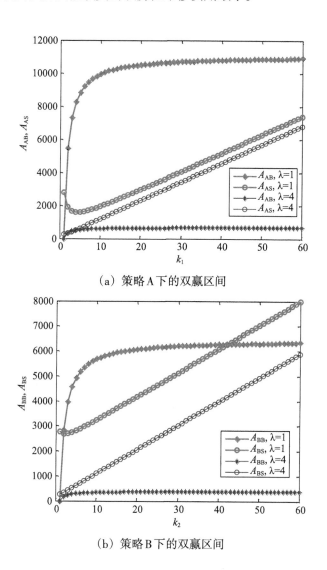

（a）策略 A 下的双赢区间

（b）策略 B 下的双赢区间

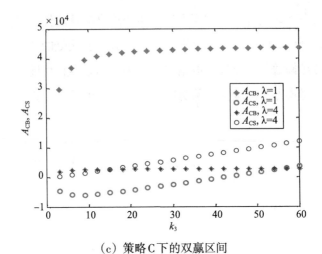

（c）策略C下的双赢区间

图3-2　$m=0.5$时不同故障率各预防性维修策略下的双赢区间

表3-1　不同故障率下各预防性维修策略的双赢区间

预防性维修策略	预防性维修次数	预防性维修度	$r(\lambda=1,\alpha=2)$			$r(\lambda=4,\alpha=2)$		
			A_{Is}	A_{Ib}	双赢区间	A_{Is}	A_{Ib}	双赢区间
A	$k_1=3$	$m=0.2$	2280	2927	[2280, 2927]	269.2	182.9	$\varnothing$
		$m=0.5$	1665	7319	[1665, 7319]	420.9	457.4	[420.9, 457.4]
	$k_1=6$	$m=0.2$	2268	3678	[2268, 3678]	395.2	229.8	$\varnothing$
		$m=0.5$	1639	9195	[1639, 9195]	736.3	574.7	$\varnothing$
	$k_1=10$	$m=0.2$	2389	3980	[2389, 3980]	571.8	248.7	$\varnothing$
		$m=0.5$	1942	9951	[1942, 9951]	1178	621.9	$\varnothing$
B	$k_2=3$	$m=0.2$	2689	1588	$\varnothing$	275.8	99.2	$\varnothing$
		$m=0.5$	2691	3970	[2691, 3970]	437.5	248.1	$\varnothing$
	$k_2=6$	$m=0.2$	2769	2071	$\varnothing$	388.5	129.4	$\varnothing$
		$m=0.5$	2892	5178	[2892, 5178]	719.5	323.6	$\varnothing$
	$k_2=10$	$m=0.2$	2908	2274	$\varnothing$	540.9	142.1	$\varnothing$
		$m=0.5$	3239	5685	[3239, 5685]	1100	355.3	$\varnothing$
	$k_2=20$	$m=0.2$	3280	2430	$\varnothing$	923.4	151.9	$\varnothing$
		$m=0.5$	4169	6076	[4169, 6076]	2056	379.7	$\varnothing$
C	$k_3=3$	$m=0.2$	−226.7	11845	[0, 11845]	220.3	740.3	[220.3, 740.3]
		$m=0.5$	−4598	29614	[0, 29614]	298.9	1850	[298.9, 1850]
	$k_3=6$	$m=0.2$	−767.6	14807	[0, 14807]	421	925.4	[421, 925.4]

续表

预防性 维修策略	预防性 维修次数	预防性 维修度	$r(\lambda=1,\alpha=2)$			$r(\lambda=4,\alpha=2)$		
			A_{ls}	A_{lb}	双赢区间	A_{ls}	A_{lb}	双赢区间
		$m=0.5$	−5950	37017	[0, 37017]	800.7	2313	[800.7, 2313]
$k_3=10$		$m=0.2$	−781.1	15794	[0, 15794]	654.7	987.1	[654.7, 987.1]
		$m=0.5$	−5984	39485	[0, 39485]	1385	2467	[1385, 2467]
$k_3=30$		$m=0.2$	600.8	17176	[600.8, 17176]	2382	1073	$\varnothing$
		$m=0.5$	−2529	42940	[0, 42940]	5705	2683	$\varnothing$

　　由图3-1和图3-2可知，无论故障率高还是低，与其他两种预防性维修策略比较，卖方采取预防性维修策略C，双方更易获得双赢。其原因可能是采取策略C有效地降低了产品的故障率，使得双方尤其是卖方的费用大大减少，而出现双赢。由表3-1中预防性策略A的 $k_1=10$ 时、预防性策略B的 $k_2=20$ 时和预防性策略C的 $k_3=30$ 时（预防性维修策略A、B和C具有相同的预防性维修周期）的数据和图3-3可知，对于故障率高的产品，较之仅在保修期后进行预防性维修（预防性维修策略B），卖方在保修期内实施预防性维修（预防性策略A和预防性策略C），双方更易获得双赢；卖方在保修期内

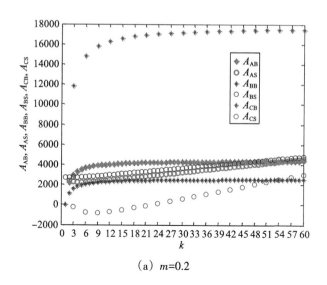

（a） $m=0.2$

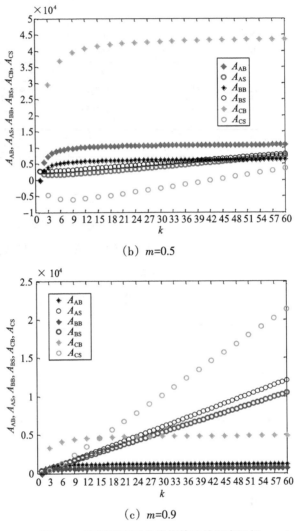

（b）$m=0.5$

（c）$m=0.9$

图3-3 高故障率下各维修策略的双赢区间

和保修期后都执行预防性维修，则较之仅在保修内进行预防性维修，卖方实施预防性维修后的费用有所减少，买方愿意承担的预防性维修投资有所增加。其原因如下：

①由于较早的实施预防性维修，因此有利于降低生命周期内产品的故障次数，从而减少了卖方因实施预防性维修而产生的费用。

②对于故障率较高的产品，产品整个生命周期内都进行预防性维修，即加强预防性维修可有效地降低产品故障次数，因此也减少了卖方因实施预防性维修而产生的费用。而由于产品生命周期内故障次数减少，因此买方愿意向卖方支付较高的预防性维修费用，以避免产品发生故障而造成较大的停机损失。

3.2.2 折现因子对双赢区间的影响

设置故障率为 $r(\lambda=1,\alpha=2)$，$C_{dd}=1000$，$C_p=100$，$C_m=400$，$C_{pmm}=100$，$k_1=k_2=k_3=10$，$W=3$，$L=9$，进行以下三个实验来分析折现因子对双赢区间的影响。

（1）决策模型中引入折现因子与未引入折现因子对双赢区间的影响

因为折现因子将将来的费用折现成现在的费用，所以与未引入折现因子时的费用不同。本实验给出了引入折现因子与未引入折现因子时的数据，以分析折现因子对双赢区间的影响。

由表3-2和表3-3可知，当 $m=0.5$ 即预防性维修程度较高时未引入折现因子双方存在双赢区间，引入折现因子后双方仍然存在双赢区间。而当 $m=0.2$ 即预防性维修程度较低时未引入折现因子双方存在双赢区间，引入折现因子后策略B下双方无法实现双赢。其原因是：在未引入折现因子的情况下，若预防性维修程度较低，导致故障率较高，则由于预防性维修而节省的费用比较接近于由于预防性维修而产生的费用。当保修期较长时，与预防性维修策略A和C相比，采用预防性维修策略B产品具有较高的故障率。因此，引入折现因子后，当预防性维修程度较低时，卖方采用策略B双方不易实现双赢。

表3-2　$m = 0.5$ 时引入与未引入折现因子对双赢区间的影响

$m = 0.5$ $A(t) = e^{-th}$ ($h = 0.2$)	引入 $A(t)$			未引入 $A(t)$		
	策略A	策略B	策略C	策略A	策略B	策略C
A_{IS}	1942	3239	−5983	4964	6989	−8241
A_{IB}	9951	5685	39485	26730	22680	91200
双赢区间	[1942, 9951]	[3239, 5685]	[0, 39485]	[4964, 26730]	[6989, 22680]	[0, 91200]

表3-3　$m = 0.2$ 时引入与未引入折现因子对双赢区间的影响

$m = 0.2$ $A(t) = e^{-th}$ ($h = 0.2$)	引入 $A(t)$			未引入 $A(t)$		
	策略A	策略B	策略C	策略A	策略B	策略C
A_{IS}	2389	2908	−781.1	6851	7661	1569
A_{IB}	3980	2274	15794	10692	9072	36480
双赢区间	[2389, 3980]	∅	[0, 15794]	[6851, 10692]	[7661, 9072]	[1569, 36480]

表3-2和表3-3还表明，与未引入折现因子时相比较，引入折现因子后买方投资的最高预防性维修费用 A_{IB} 以及策略A和策略B下卖方所能接受的买方投资的最小预防性维修费用 A_{IS} （ $A_{IS} > 0$ ）减少。在未引入折现因子时，策略A和策略B下的 A_{IS} 较大，因此引入折现因子后， A_{IS} 仍然大于0但有所减少。而对于策略C，当未引入折现因子时，在较高的预防性维修程度下， A_{IS} 远小于0，因此引入折现因子后， A_{IS} 增加但仍然小于0；而在较低的预防性维修程度下， A_{IS} 接近于0，因此引入折现因子后， $A_{IS} < 0$ 。

（2）不同折现因子对双赢区间的影响

因为不同折现因子的折现值不同，所以这里取单利折现因子 $A(t) = \dfrac{1}{1 + t \times h}$ 与连续复利折现因子 $A(t) = e^{-th}$ 来分析不同折现因子对双赢区间的影响。

由表3-4和表3-5可知，当 $m = 0.5$ 即预防性维修程度较高时，在较大的折现因子下双方存在双赢区间，在较小的折现因子下双方仍然存在双赢区间。当 $m = 0.2$ 即预防性维修程度较低时，在较大的折现因子下卖方采取策略 A 和策略 C 时双方存在双赢区间，在较小的折现因子下卖方采取策略 A 和策略 C 时双方仍然存在双赢区间，而对于策略 B，在两种折现率的折现因子下，双方无法实现双赢。其原因是：在较小的折现因子下，若预防性维修程度较低，导致故障率较高，则由于预防性维修而节省的费用比较接近于由于预防性维修而产生的费用。而当保修期较长时，与预防性维修策略 A 和 C 相比，采用预防性维修策略 B 时，产品具有较高的故障率。因此，在取较小的折现因子，且执行预防性维修的程度较低时，卖方采用策略 B 双方不容易实现双赢。

表3-4　$m = 0.5$ 时不同折现因子对双赢区间的影响

$m = 0.5$	$A(t) = \mathrm{e}^{-th}$			$A(t) = \dfrac{1}{1 + t \times h}$		
	策略 A	策略 B	策略 C	策略 A	策略 B	策略 C
A_{IS}	1942	3239	−5983	2825	4575	−5459
A_{IB}	9951	5685	39485	13470	9493	50109
双赢区间	[1942, 9951]	[3239, 5685]	[0, 39485]	[2825, 13470]	[4575, 9493]	[0, 50109]

表3-5　$m = 0.2$ 时不同折现因子对双赢区间的影响

$m = 0.2$	$A(t) = \mathrm{e}^{-th}$			$A(t) = \dfrac{1}{1 + t \times h}$		
	策略 A	策略 B	策略 C	策略 A	策略 B	策略 C
A_{IS}	2389	2908	−781.1	3443	4143	292
A_{IB}	3980	2274	15794	5388	3797	20670
双赢区间	[2389, 3980]	∅	[0, 15794]	[3443, 5388]	∅	[292, 20670]

表3-4和表3-5还表明，与引入较大折现因子时相比较，引入较小折现因子后买方投资的最高预防性维修费用 A_{IB} 和卖方所能接受的买方投资的最小预防性维修费用 A_{IS} 减少。在较大折现因子下，策略 A 和策略 B 下的 A_{IS} 较大，因此引入较小折现因子后，A_{IS} 仍然大于 0 但有所减少。而对于策略 C，当引入较大折现因子时，在较高的预防性维修程度下，A_{IS} 远小于 0，因此引入较

小的折现因子后，A_{IS} 增加但仍然小于 0；而在较低的预防性维修程度下，A_{IS} 接近于 0，因此引入较小的折现因子后，$A_{IS} < 0$。

（3）不同折现率对双赢区间的影响

由表 3-6 和表 3-7 可知，当 $m = 0.5$ 即预防性维修程度较高时，在较小折现率的折现因子下双方存在双赢区间，在较大折现率的折现因子下，卖方采取策略 A 和策略 C 时双方仍然存在双赢区间。当 $m = 0.2$ 即预防性维修程度较低时，在较小折现率的折现因子下卖方采取策略 A 和策略 C 时双方存在双赢区间，在较大折现率的折现因子下卖方采取策略 A 和策略 C 时双方仍然存在双赢区间。而对于策略 B，在两种折现因子下，双方无法实现双赢。其原因是：在较低的折现因子下，若预防性维修程度较低，导致故障率较高，则由于预防性维修而节省的费用比较接近于由于预防性维修而产生的费用。而当保修期较长时，与预防性维修策略 A 和 C 相比，采用预防性维修策略 B 时，产品具有较高的故障率。因此，引入较大折现率折现因子时，当预防性维修程度较低时，卖方采用策略 B 双方不易实现双赢。

表 3-6　$m = 0.5$ 时不同折现率对双赢区间的影响

$m = 0.5$ $A(t) = e^{-th}$	$h=0.2$			$h=0.5$		
	策略 A	策略 B	策略 C	策略 A	策略 B	策略 C
A_{IS}	1942	3239	−5983	643.1	903.4	−4898
A_{IB}	9951	5685	39485	3136	829.4	17136
双赢区间	[1942，9951]	[3239，5685]	[0，39485]	[643.1，3136]	∅	[0，17136]

表 3-7　$m = 0.2$ 时不同折现率对双赢区间的影响

$m = 0.2$ $A(t) = e^{-th}$	$h=0.2$			$h=0.5$		
	策略 A	策略 B	策略 C	策略 A	策略 B	策略 C
A_{IS}	2389	2908	−781.1	708	812	−1472
A_{IB}	3980	2274	15794	1254	332	7069
双赢区间	[2389，3980]	∅	[0，15794]	[708，1254]	∅	[0，7069]

表3-6和表3-7还表明，与引入较小折现率折现因子时相比较，引入较大折现率折现因子后买方投资的最高预防性维修费用A_{JB}和卖方所能接受买方投资的最小预防性维修费用A_{JS}减少。在较小折现率折现因子下，策略A和策略B下的A_{JS}较大，因此引入较大折现率折现因子后，A_{JS}仍然大于0但有所减少。而对于策略C，当引入较小折现率折现因子时，在较高的预防性维修程度下，A_{JS}远小于0，因此引入较大折现率的折现因子后，A_{JS}增加但仍然小于0；而在较低的预防性维修程度下，A_{JS}接近于0，因此引入较大折现率的折现因子后，$A_{JS} < 0$。

综上，在产品售出前，双方针对买方投资预防性维修的保修服务策略进行协商时，考虑折现问题，即引入折现因子或者引入较小的折现因子或者折现率较大的折现因子等问题，为了实现双方双赢，在生命周期内，卖方应该为买方进行积极有效的预防性维修，即增加预防性维修的数量和维修的程度。

3.2.3　各种费用对双赢区间的影响

设置故障率为$r(\lambda = 1, \alpha = 2)$，并且假设预防性维修策略一定的情况下，分析各种费用对双赢区间的影响。

式（3.21）和式（3.22）变形为

$$C_{dd} + C_m \geqslant \frac{C_p(R_{I2} + R_{I5}) + PM}{R_{I3} + R_{I6}} \tag{3.34}$$

式中，I表示策略A和策略C。

式（3.26）变形为

$$C_{dd} + C_m \geqslant \frac{C_p(R_{B2} + R_{B4}) + PM}{R_{B3}} \tag{3.35}$$

式（3.34）和式（3.35）表明在一定的预防性维修数量和维修程度下，当除去惩罚后的一次净生产损失费用与一次故障后维修费用之和大于等于实施预防性维修后卖方的费用与减少的单位费用之比时，卖方和买方之间存在双赢区间。

（1）C_{dd}对双赢区间的影响

设置$C_p = 100$，$C_m = 400$，$C_{pmm} = 100$，$k_1 = k_2 = k_3 = 10$，$W = 3$，$L = 9$，$A(t) = e^{-th}$，$h = 0.2$，$m = 0.5$。

C_{dd}对双赢区间的影响如表3-8和图3-4所示。

表3-8　C_{dd}对双赢区间的影响

双赢区间 下限A_{IS}和 上限A_{IB}	$C_{dd} = 1000$			$C_{dd} = 800$		
	策略A	策略B	策略C	策略A	策略B	策略C
A_{IS}	1942	3239	−5983	1942	3239	−5983
A_{IB}	9951	5685	39485	8374	4873	32814
双赢区间	[1942, 9951]	[3239, 5685]	[0, 39485]	[1942, 8374]	[3239, 4873]	[0, 32814]

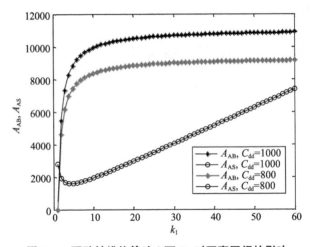

图3-4　预防性维修策略A下C_{dd}对双赢区间的影响

从图3-4和表3-8可知，在相同的维修策略下，随着C_{dd}值的增加，双赢区间逐渐扩大。由于C_{dd}值大，停机后的生产损失大，所以买方希望向卖方支付较高的预防性维修费用，以使卖方为其进行预防性维修，从而减少故障后的生产损失。

（2）C_m对双赢区间的影响

设置 $C_{dd} = 1000$，$C_p = 100$，$C_{pmm} = 100$，$k_1 = k_2 = k_3 = 10$，$W = 3$，$L = 9$，$A(t) = e^{-th}$，$h = 0.2$，$m = 0.5$。

C_m对双赢区间的影响如图3-5和表3-9所示。

表3-9　C_m对双赢区间的影响

双赢区间 下限A_{IS}和 上限A_{IB}	$C_m = 400$			$C_m = 500$		
	策略A	策略B	策略C	策略A	策略B	策略C
A_{IS}	1942	3239	−5983	1671	3239	−7786
A_{IB}	9951	5685	39485	10468	6091	41017
双赢区间	[1942，9951]	[3239，5685]	[0，39485]	[1671，10468]	[3239，6091]	[0，41017]

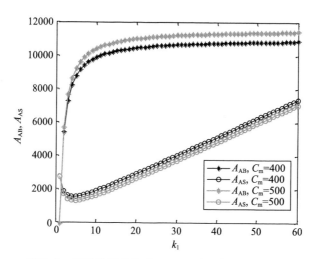

图3-5　预防性维修策略A下C_m对双赢区间的影响

（3）C_p对双赢区间的影响

设 置 $C_{dd} = 1000$，$C_m = 400$，$C_{pmm} = 100$，$k_1 = k_2 = k_3 = 10$，$W = 3$，$L = 9$，$A(t) = e^{-th}$，$h = 0.2$，$m = 0.5$。

C_p对双赢区间的影响如图3-6和表3-10所示。

表3-10 C_p 对双赢区间的影响

m=0.5	$C_p = 100$			$C_p = 80$		
	策略A	策略B	策略C	策略A	策略B	策略C
A_{IS}	1942	3239	−5983	1562	2782	−5854
A_{IB}	9951	5685	39485	9951	5685	3948
双赢区间	[1942, 9951]	[3239, 5685]	[0, 39485]	[1562, 9951]	[2782, 5685]	[0, 3948]

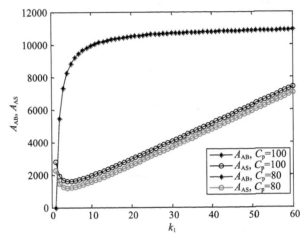

图3-6 预防性维修策略A下 C_p 对双赢区间的影响

（4） C_{pmm} 对双赢区间的影响

设置 $C_{dd} = 1000$ ， $C_p = 100$ ， $C_m = 400$ ， $k_1 = k_2 = k_3 = 10$ ， $W = 3$ ， $L = 9$ ， $A(t) = e^{-th}$ ， $h = 0.2$ ， $m = 0.5$ 。

C_{pmm} 对双赢区间的影响如图3-7和表3-11所示。

表3-11 C_{pmm} 对双赢区间的影响

m=0.5	$C_{pmm} = 100$			$C_{pmm} = 80$		
	策略A	策略B	策略C	策略A	策略B	策略C
A_{IS}	1942	3239	−5983	1716	3047	−6359
A_{IB}	9951	5685	39485	9951	5685	3948
双赢区间	[1942, 9951]	[3239, 5685]	[0, 39485]	[1716, 9951]	[3047, 5685]	[0, 3948]

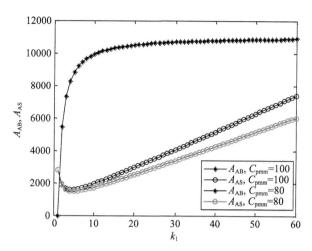

图3-7　预防性维修策略A下C_{pmm}对双赢区间的影响

由图3-5~图3-7和表3-9~表3-11可知，在相同的维修策略下，当C_m值增加，而C_p值和C_{pmm}值减少时，双赢区间逐渐扩大。在相同的预防性维修策略下，当k和m一定时，C_m值较大，而C_p值和C_{pmm}值较小，则卖方实施预防性维修后的费用较少，因此卖方能够接受买方投资的预防性维修费用较少，即双赢区间的下限较小。

3.2.4　各预防性策略对双赢区间的影响

在产品生命周期和预防性维修周期一定的情况下，取不相同的保修期长值时，各个预防性维修策略的维修次数和产品生命周期内预防性维修的起始时刻亦不相同，因而对双赢区间的影响不同。本节对不同保修期和不同的单位预防性维修费用对双赢区间的影响进行分析。

（1）保修期长为生命周期长的一半

设置$L = 9$，$W = \dfrac{L}{2} = 4.5$，$C_{dd} = 1000$，$C_p = 100$，$C_m = 400$，$A(t) = e^{-th}$，$h = 0.2$，$m = 0.5$。

（2）保修期长少于生命周期长的一半且较短

设置 $L = 9$，$W = 1$，$C_{dd} = 1000$，$C_p = 100$，$C_m = 400$，$A(t) = e^{-th}$，$h = 0.2$，$m = 0.5$。

（3）保修期长多于生命周期长的一半且较长

设置 $L = 9$，$W = 7$，$C_{dd} = 1000$，$C_p = 100$，$C_m = 400$，$A(t) = e^{-th}$，$h = 0.2$，$m = 0.5$。

由图3-8和图3-10可知，卖方采取预防性维修策略B，双方不易实现双赢。原因是，由于保修期长，所以对于预防性维修策略B而言，预防性维修开始的时刻晚，产品保修期内和保修期后的故障率都较高，造成卖方生命周期内的费用较高（由于产品生命周期内进行预防性维修而产生的费用），因此所能接受买方投资的预防性维修费用增加，而导致不易实现双赢。而由图3-9可知，与卖方采取预防性维修策略A比较，卖方采取预防性维修策略B，双方更易获得双赢。因为保修期短，对于预防性维修策略A而言，预防性维修执行的时间短，所以产品保修期后故障率较高，使得在整个生命周期内经预防性维修后产品仍然具有较高的故障率，导致双方不易获得双赢；对于预防性维修策略B而言，预防性维修执行的时刻早，使得在整个生命周期内经预防性维修后产品具有较低的故障率，所以双方易获得双赢。

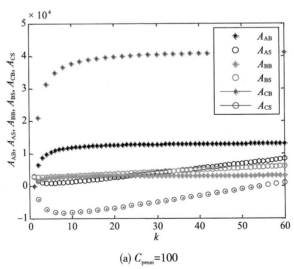

(a) $C_{pmm} = 100$

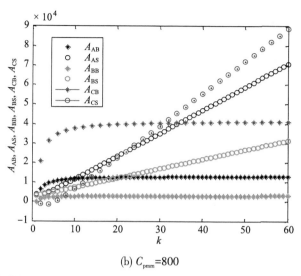

(b) $C_{\text{pmm}}=800$

图3-8　保修期长为生命周期长的一半时各预防性维修策略对双赢区间的影响

进一步由图3-8~图3-10看到，与其他两种策略比较，卖方采用预防性维修策略C，双方更易获得双赢，并且经预防性维修后而产生的卖方费用较低，甚至出现负值。由于无预防性维修时产品具有较高的故障率，因此，采用预防性维修策略C，加强了产品整个生命周期内的预防性维修，大大降低

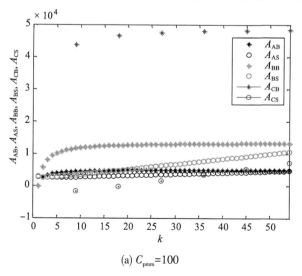

(a) $C_{\text{pmm}}=100$

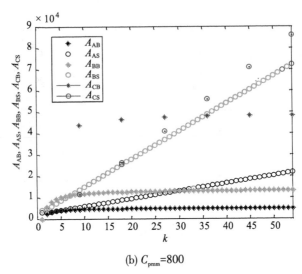

(b) C_{pmm}=800

图3-9　保修期长较短时各预防性维修策略对双赢区间的影响

了产品的故障率，而对双方都有利。由图还可以看出，当增加预防性维修的单位费用，即 C_{pmm}=800时，依然是卖方采用预防性维修策略C双方易获得双赢。原因可能是，对于采取预防性维修策略A和B，增加预防性维修的单位费用，极大增加了卖方的费用，因而不易产生双赢区间；而采取预防性维修

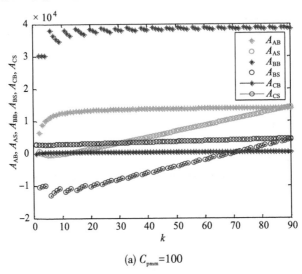

(a) C_{pmm}=100

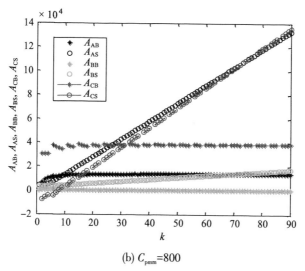

(b) $C_{\text{pmm}}=800$

图3-10　保修期长较长时各预防性维修策略对双赢区间的影响

策略C却减少了卖方的费用，因此即使适当地增加预防性维修费用，双方也获得双赢。

综上，本文提出的由买方投资预防性维修费用的保修策略适应于故障停机后生产损失大、维修费用高，而卖方进行预防性维修的费用却相对较低的产品。

3.3　本章小结

本章提出一个由买方投资预防性维修费用，而卖方采取不同的预防性维修策略为买方实施预防性维修的保修策略，并对其进行建模。通过理论与实验分析获得了不同预防性维修策略、折现因子、故障率和各种费用对双赢区间的影响关系，并得出结论：本章的保修策略适应于故障率高、故障停机后生产损失大、故障停机后维修费用高，而预防性维修费用低的产品；当买方投资预防性维修后，卖方越早开始实施预防性维修且实施的时间越长，对双方越有利，双方更易获得双赢。

第4章　买方投资预防性维修费用保修策略中买方和卖方的最优费用模型

第2章和第3章分别研究了保修期内和全生命周期内买方投资大型装备产品预防性维修的保修模型，并且分别获得了双方双赢的区间。然而在现实中双方更关心的是采用这样的保修模型，在满足双赢区间后，双方各自的最小费用。因此，本章分别构建满足双赢时，买方和卖方的最优费用模型，通过优化获得最优费用。

本章采用第2章提出的买方投资保修期内预防性维修费用的保修策略，进一步研究买方和卖方的最优费用。

4.1　买方投资预防性维修费用保修策略中满足双赢条件时的买方最优费用模型

为了说明买方投资预防性维修费用的保修策略中买方和卖方均能获得较大的收益，4.1节和4.2节分别给出了买方投资预防性维修费用的保修策略中满足双赢条件时买卖双方的最优费用和买方支付预防性维修费用的保修策略中买卖双方的最优费用。下面分别给出买方投资预防性维修费用和买方支付预防性维修费用的保修策略中买方的最优费用模型。

4.1.1　买方投资预防性维修费用的保修策略中买方的最优费用

在满足双赢条件的前提下，买方希望以最小的预防性维修投资获得最少的故障损失。因为 $A_s \leqslant C_{pm} \leqslant A_b$，所以 A_s 为 C_{pm} 的下限，即买方对预防性维修费用的最小投资。买方希望在满足双赢条件下，对预防性维修费用的投资最小（即 A_s 最小），同时希望其故障停机损失最小（即 A_b 最大）。因此，买方投资预防性维修费用的保修策略中买方的最优费用模型为

$$
\begin{aligned}
&\max \quad A_b - A_s \\
&\text{s.t.} \quad A_b \geqslant A_s
\end{aligned} \tag{4.1}
$$

由式（4.1）可推出式（4.2）

$$
\begin{aligned}
\min \ A_s - A_b = {} & (C_m + C_p + C_{dd}) \sum_{j=1}^{k} \int_{\tau_{j-1}}^{\tau_j} r[v_t(m)] \mathrm{d}t + \\
& (C_m + C_p + C_{dd}) \int_{\tau_k}^{W} r[v_t(m)] \mathrm{d}t + \\
& kC_{pm}(m) - C_{dd} \int_{0}^{W} r(t)\, \mathrm{d}t - C_m \int_{0}^{W} r(t)\, \mathrm{d}t \\
& \text{s.t.} \quad 0 \geqslant A_s - A_b
\end{aligned} \tag{4.2}
$$

令

$$
\begin{aligned}
A = {} & (C_m + C_p + C_{dd}) \sum_{j=1}^{k} \int_{\tau_{j-1}}^{\tau_j} r[v_t(m)] \mathrm{d}t + \\
& (C_m + C_p + C_{dd}) \int_{\tau_k}^{W} r[v_t(m)] \mathrm{d}t + kC_{pm}(m) - C_{dd} \int_{0}^{W} r(t)\, \mathrm{d}t
\end{aligned} \tag{4.3}
$$

则式（4.3）变为

$$
\begin{aligned}
&\min \ A_s - A_b = A - C_m \int_{0}^{W} r(t)\, \mathrm{d}t \\
&\text{s.t.} \quad C_m \int_{0}^{W} r(t)\, \mathrm{d}t \geqslant A
\end{aligned} \tag{4.4}
$$

4.1.2　买方支付预防性维修费用的保修策略中买方的最优费用模型

在买方支付预防性维修费用的保修策略（PMP）中，买方的费用 C_{bPMP} 包括预防性维修费用和故障停机损失。买方的最优费用模型为

$$\min C_{bPMP} = kC_{pm}(m) + \left\{ C_{dd}\sum_{j=1}^{k}\int_{\tau_{j-1}}^{\tau_j} r\left[v_t(m)\right]\mathrm{d}t + C_{dd}\int_{\tau_k}^{W} r\left[v_t(m)\right]\mathrm{d}t \right\} \quad (4.5)$$

4.2 买方投资预防性维修费用保修策略中满足双赢条件时卖方最优费用模型

4.2.1 卖方保修费用 C_s 和卖方支付费用 A_s 的区别

A_s 为实施预防性维修后卖方的支付费用，它包括预防性维修费用、故障后的惩罚费用以及由于预防性维修而减少的故障后的维修费用。卖方支付费用 A_s 与买方的预防性维修投资费用无关。也就是说，费用 A_s 的产生仅与卖方的行为有关而与买方的行为无关。前面分析已经表明存在最优的 k^* 和 m^* 使得 A_s 最小。保修期内的保修费用 C_s 包括预防性维修费用、故障后的惩罚费用、故障后的维修费用以及买方对预防性维修费用的投资。其中前两项费用与 A_s 相同。与 A_s 相似，存在最优的 k^* 和 m^* 使得 C_s 最小。由于保修费用 C_s 中含有买方对预防性维修费用的投资，因此买方投资的多少直接影响卖方的保修费用。

4.2.2 买方投资预防性维修费用保修策略中满足双赢条件时卖方的最优费用模型

在满足双赢条件的前提下，卖方希望获得买方对预防性维修费用的最大投资，同时希望在保修期内其产生的费用最小。因此，与 A_s 相比，保修费用 C_s 更适合表示卖方的费用模型。在满足双赢的前提下，卖方的最优费用模型可表示为

$$\min C_s = C_m \sum_{j=1}^{k} \int_{\tau_{j-1}}^{\tau_j} r\left[v_t(m)\right]\mathrm{d}t + C_m \int_{\tau_k}^{W} r\left[v_t(m)\right]\mathrm{d}t +$$

$$C_p \sum_{j=1}^{k} \int_{\tau_{j-1}}^{\tau_j} r\left[v_t(m)\right]\mathrm{d}t + C_p \int_{\tau_k}^{W} r\left[v_t(m)\right]\mathrm{d}t +$$

$$kC_{pm}(m) - C_{pm} \tag{4.6}$$

$$\mathrm{s.t.}\ (C_{dd} + C_m) \int_{0}^{W} r(t)\,\mathrm{d}t \geqslant (C_p + C_{dd} + C_m) \sum_{j=1}^{k} \int_{\tau_{j-1}}^{\tau_j} r\left[v_t(m)\right]\mathrm{d}t +$$

$$(C_p + C_{dd} + C_m) \int_{\tau_k}^{W} r\left[v_t(m)\right]\mathrm{d}t + kC_{pm}(m)$$

C_{pm}越大，买方的保修费用C_s越小。而$A_s \leqslant C_{pm} \leqslant A_b$，$A_b$为$C_{pm}$的上限，即买方对预防性维修费用的最大投资。因此，为了获得最小的C_s，可以用A_b代替式（4.1）中C_s的C_{pm}，得

$$\min C_s = C_m \sum_{j=1}^{k} \int_{\tau_{j-1}}^{\tau_j} r\left[v_t(m)\right]\mathrm{d}t + C_m \int_{\tau_k}^{W} r\left[v_t(m)\right]\mathrm{d}t +$$

$$C_p \sum_{j=1}^{k} \int_{\tau_{j-1}}^{\tau_j} r\left[v_t(m)\right]\mathrm{d}t + C_p \int_{\tau_k}^{W} r\left[v_t(m)\right]\mathrm{d}t +$$

$$kC_{pm}(m) - A_b$$

$$\mathrm{s.t.}\ (C_{dd} + C_m) \int_{0}^{W} r(t)\,\mathrm{d}t \geqslant (C_p + C_{dd} + C_m) \sum_{j=1}^{k} \int_{\tau_{j-1}}^{\tau_j} r\left[v_t(m)\right]\mathrm{d}t +$$

$$(C_p + C_{dd} + C_m) \int_{\tau_k}^{W} r\left[v_t(m)\right]\mathrm{d}t + \tag{4.7}$$

$$kC_{pm}(m)$$

将式（4.4）代入式（4.7），得

$$\min C_s = A$$

$$\mathrm{s.t.}\ \ C_m \int_{0}^{W} r(t)\,\mathrm{d}t \geqslant A \tag{4.8}$$

对式（4.8）的优化问题进行求解，可获得满足双赢条件时的最优k^*和m^*，

使得卖方的保修费用 C_s 最小，同时可获得买方对预防性维修费用的最大投资。

由式（4.4）和式（4.8）可以看出，买方投资预防性维修费用的保修策略中，买方和卖方的最优费用模型相似。在相同的最优预防性维修数量 k^* 和维修程度 m^* 下，买方和卖方分别获得最优费用。

4.2.3　买方支付预防性维修费用保修策略中卖方的最优费用模型

为了与买方支付预防性维修费用的保修策略（PMP）中卖方的最优费用 C_{sPMP} 进行比较，式（4.9）给出了卖方的最优费用模型。因为预防性维修费用由买方支付，因此卖方的费用仅包括故障后的维修费用。

$$\min \quad C_{sPMP} = C_m \sum_{j=1}^{k} \int_{\tau_{j-1}}^{\tau_j} r\left[v_t(m)\right] \mathrm{d}t + C_m \int_{\tau_k}^{W} r\left[v_t(m)\right] \mathrm{d}t \tag{4.9}$$

4.3　实验分析

本实验分析为买方投资预防性维修费用的保修策略与买方支付预防性维修费用的保修策略下的买方、卖方最优费用比较。

为了说明在买方投资预防性维修费用的保修策略（PMI）下，买方和卖方的费用较少（即收益较大），本节选取买方支付预防性维修费用的保修策略（PMP）下的买方和卖方的费用进行比较。

设置参数 $C_{dd} = 1000$，$C_p = 100$，$C_m = 400$、$C_{pmm} = 100$，$W = 3$。

由表4-1可知，在买方投资预防性维修费用的保修策略（PMI）下，买卖双方的费用为负值，这表明在PMI保修策略下买卖双方均获得了收益，且负值越大，收益越大。而买方支付预防性维修费用的保修策略（PMP）下的买卖双方的费用均为正值，这表明在PMP策略下，买卖双方没有获得收益，均需承担一定的费用。显然，PMI的保修策略要优于PMP的保修策略。

表4-1　PMI保修策略和PMP保修策略下的买方和卖方的费用

保修策略	k^*	m^*	$A_s - A_b$	C_s	C_{bPMP}	C_{sPMP}
PMI	12	1	−10272	−6466	—	—
PMP	10	1	—	—	1930	372

注："—"表示不计算对应项目的值。

4.4　本章小结

本章提出一个由买方投资预防性维修费用的保修策略，分析了卖方和买方获得双赢的条件，用理论和实验分析了各种费用对双赢区间的影响，并进一步对满足双赢条件时卖方和买方的最优费用进行建模、理论分析和实验分析，最后得出结论：新保修策略能给买卖双方带来较大的收益，且其适用于故障停机后生产损失大、维修费用高，而预防性维修费用低的产品。

第5章　基于适应值模型的
吸引排斥优化算法

第2~4章研究了买方投资预防性维修的保修模型以及满足双赢时双方的最优费用模型。为了能更好地求解模型，本章对优化算法进行了研究。

本章提出一种基于新的动态种群规模机制优化算法。当算法进化出现停滞时，通过增加微粒来提高系统的混乱程度，以改善算法的搜索能力；当不断增加的微粒数达到种群规模上限时（最大种群规模），若算法进化出现停滞，则采取消灭一定数量的微粒以及补偿等量新微粒的方法，来给算法系统施以干扰，以提高算法性能。将微粒生灭变化与种群结构的演化相结合，即在种群结构的演化过程中，不仅有边的演化，而且还有根据生灭策略而进行的节点变化。从种群结构的角度看，本章构建了一个与算法进化异步进行的种群结构演化方式。当算法进化停滞时，结构进行演化，若节点数未达到最大种群规模，则种群拓扑结构按照节点增加的演化机制进行演化；否则，其按照节点等量删除与补偿的演化机制进行演化。因此，本章在适应度网络模型[13]基础上，结合算法种群规模不能无限增加的特点构建了一个改进的适应度模型。从理论和数值仿真两方面，研究了在改进的适应度模型演化机制下，大规模网络的结构特征。同时，为了提高扩展微粒群算法的收敛性能，本章构建了一个新颖的算法进化公式，使得微粒的速度更新公式与结构的连接方式相关，并从理论上分析了改进算法的收敛条件和全局收敛性。结合改进算法的特点，设计了节点的生灭策略。最后通过仿真实验验证了算法的有效性，获得了结构特征与算法性能之间的关系。

5.1 改进的适应度模型

真实的网络是一个开放的网络，具有增长特性，即节点不断加入网络中，网络规模逐渐扩大。如每个月都会有大量新的科研文章发表，WWW上每天都有大量新的网页产生等。为了捕捉这种现象，许多规模增长的网络模型被相继提出，如著名的BA模型、适应度模型等。而优先连接（择优）是真实网络的另一个重要特性，即新节点更易和具有较高度的"大"节点相连接。在这两种特性的启发下，巴拉巴斯（Barabasi）和阿尔伯特（Albert）首先提出了具有幂率度分布的BA无标度网络模型，其度分布为$P(k) \sim k^{-\gamma}$。在具有幂率度分布的网络中，少数节点具有较大的度而大量节点具有较小的度。但是在许多真实网络中，节点的度不仅与该节点的年龄有关，而且与节点的适应度有关。如WWW网络上的一些站点，通过好的内容，可以在较短的时间内获得大量的超文本链接；社会网络中的某些人具有较强的交友能力，很容易结交到许多朋友；一些高质量的科研论文在较短时间内可以获得大量的引用。站点的内容、人的交友能力和论文的质量等被称为节点的适应度。通过将节点的适应度引入BA模型的优先连接中，文献[13]提出适应度模型。适应度模型的度分布取决于适应度分布的形式，若该分布具有有限支撑，则与原始的BA模型一样，网络具有幂率度分布；若该分布具有无限支撑，那么适应度最高的那个节点就会获得占整个网络总边数一定比例的边数，是一种所谓"赢者通吃"的现象，类似于市场中的寡头垄断。

在适应度模型中，网络规模的增长特性符合每当EPSO算法进化停滞时，需要不断引入新微粒的需要。同时，由于在EPSO算法中，微粒具有适应值，为了获得较优的算法性能，需要适应值好的微粒具有较多的连接，以影响更多的微粒到其邻域进行搜索，因此与适应度模型相同，新生微粒依靠度和适应值择优建立连接。但是，算法的种群规模不能无限增加，因此本章设置了种群规模上限N，构建了一个改进的适应度模型（Modified Fitness 模型，简称MF模型）。如果在算法进化的第t次迭代（$t <$ Maxiter），种群规模达到上限N，那么在t代之前，改进的适应度模型是一个增长网络模型，按照适应度模型的演化机制进行演化；而在之后的 Maxiter $- t$ 代内，其按照节点删除与等量补偿形式进行演化，并且新引入的节点，按照适应度模型的连接机制进行连边。

首先，在不考虑算法进化下，根据适应度概率密度函数$\rho(f)$，给网络中的每一个节点分配一个适应值f，给出改进适应度模型的构造算法，并从理论和数值仿真两方面，研究该模型的特征。因为不考虑算法进化情况，所以在网络演化的最大时刻Maxiter内，每一个演化时刻t，向网络引入一个新节点，直到规模达到上限N，之后在 Maxiter $- (N - m_0)$时刻内，每一演化时刻t，删除网络中的一个节点，同时向网络引入一个新节点。

5.1.1 改进的适应度模型的构造算法

步骤1 初始时刻$t = 0$时，假定系统由m_0个首尾相连构成环形结构的节点组成。

在每一个时间间隔t内，执行下面的操作：

如果$t < (N - m_0)$，则执行步骤2。

步骤2 向系统增加一个适应度为f_i，度为$m(m < m_0)$的新节点i，其适应度f_i按概率分布$\rho(f)$选取，将节点i连接到m个已经存在的节点上。新节点i与已经存在的节点j相连的概率P_1^j定义为

$$P_1^j = \frac{k_j f_j}{\sum\limits_{l \in V} k_l f_l} \tag{5.1}$$

否则，执行步骤3和步骤4。

步骤3 以概率P_2^j从当前的结构中删除一个节点j，并删除其所有连接。

$$P_2^j = \frac{1 - k_j f_j}{\sum\limits_{l \in V}(1 - k_l f_l)} \tag{5.2}$$

步骤4　向系统增加一个适应度为f_i，度为$m(m < m_0)$的新节点i，其适应度f_i按概率分布$\rho(f)$选取，将节点i连接到m个已经存在的节点上。新节点i与已经存在的节点j相连接的概率P_3^j定义为

$$P_3^j = \frac{k_j f_j}{\sum\limits_{l \in V - \{i\}} k_l f_l} \tag{5.3}$$

步骤5　若$t <$ Maxiter，则$t = t + 1$，返回步骤2或者步骤3。

如果$N - m_0 =$ Maxiter，则改进的适应度模型与文献[13]中的适应度模型相同。

假设$N = 5, m_0 = 3$且 Maxiter $> (N - m_0)$。下面，通过$t = 0$、$t = 1$、$t = 2$和$t = N - m_0 + 1$时刻MF模型的演化（见图5-1），来说明其整个演化过程。图5-1（a）表示$t = 0$时刻，结构是由3个节点构成的环形结构。之后，由于$t = 0 < (N - m_0)$，因此执行步骤2，即向系统引入一个新节点4，节点4以概率P_1选择了节点3，如图5-1（b）所示。同样，在$t = 1$时刻，向系统引入新

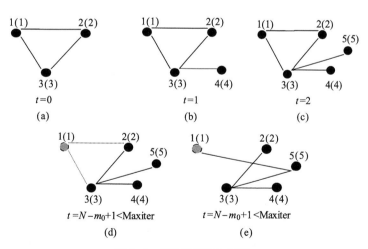

图5-1　MF模型的生成图

注：图5-1中，括号外的数字表示节点号，括号里的数字表示由适应度概率密度函数$\rho(f)$分配的节点适应值f。

节点5，节点5以概率P_1可能选择了节点3，如图5-1（c）所示。而在$t=2$时刻，由于结构规模已经达到上限N，因此执行步骤3和步骤4，即以概率P_2在目前的结构中选择一个节点，图5-1（d）中选择了节点1，并删去节点1的所有边，同时新的节点1被引入结构中，以概率P_3可能选择了节点5，建立连接（1，5），如图5-1（e）所示。

5.1.2 改进的适应度模型的理论分析和数值仿真

（1）平均度

因为$t=0$时，网络是由m_0个节点组成的环形结构，所以$\langle k \rangle (t=0)=2$。之后当$t<(N-m_0)$时，网络进入规模增长期，由于每一时刻向系统引入一个度为m的新节点，因此当$t=(N-m_0)$时，共向系统引入$m(N-m_0)$条新边，此时$\langle k \rangle \big[t=(N-m_0) \big] = 2 + \dfrac{m \times (N-m_0) \times 2}{N}$。而当$t \geqslant (N-m_0)$时，网络进入节点等量删除和补偿的演化阶段，网络规模保持不变，当网络稳定时，$\langle k \rangle = m$。

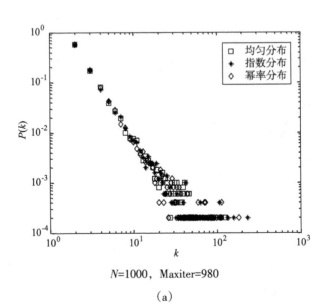

$N=1000$，Maxiter=980

（a）

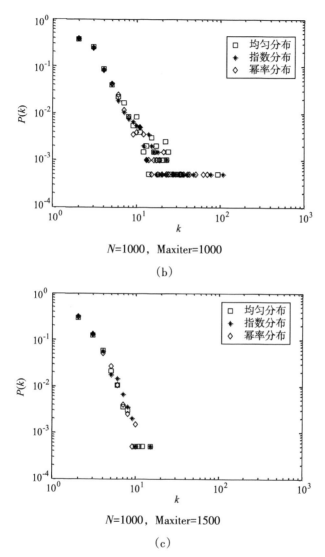

N=1000，Maxiter=1000

（b）

N=1000，Maxiter=1500

（c）

（2）数值仿真

设 $m_0 = 20$，在不同的 N、Maxiter 和不同适应度分布函数下，MF 模型的度分布和其他特征度量如图 5-2 和表 5-1 所示。

图 5-2 表明在相同的 N 和 Maxiter 下，三种适应度概率分布的结构度分布相近。由图 5-2 和表 5-1 可知，当 N = 1000、Maxiter = 980 和 N =

1000、Maxiter = 1000时，即N值较大且与Maxiter值相近，网络的度分布呈现幂率分布、平均度较大且与理论值相近、平均最短路径长度较短。当N = 1000、Maxiter = 1500 和 N = 1000、Maxiter = 2000 时，即N值较大且Maxiter $-$ $(N - m_0)$的值较大，图5-2（a）和图5-2（b）相比，网络中的最大

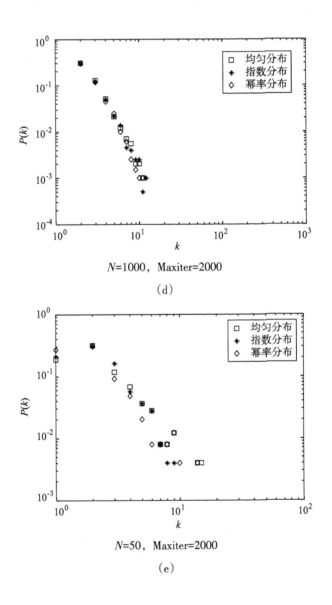

N=1000，Maxiter=2000

（d）

N=50，Maxiter=2000

（e）

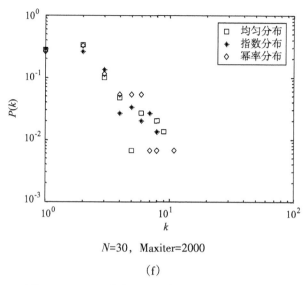

$N=30$，Maxiter=2000

(f)

图5-2 不同适应度概率分布的MF模型的度分布

度值减少，度分布的幂率性减弱、平均度较小且与理论值相近、平均最短路径较长。其原因可能是：由于 Maxiter $-(N-m_0)$ 值较大，因此在较长时间内，网络按照节点删除与补偿的机制进行演化，导致网络中出现一些孤立节点，进而使得平均最短路径长度较长。当 $N=50$、Maxiter $=2000$ 和 $N=30$、Maxiter $=2000$ 时，即 N 值较小且 Maxiter 与 $(N-m_0)$ 的差值进一步增加，平均度较小且与理论值相近、平均最短路径长度进一步增大。同时，由表5-1可知，MF模型具有较小的平均聚集系数和负的度度相关系数。度度相关系数 $R<0$ 表明，在MF演化过程中，度小的节点更易和度大的节点进行连接。

表5-1 不同适应度概率分布下的改进适应度模型特征度量

节点数 N 和最大迭代次数 Maxiter	适应度概率分布	平均度	平均聚集系数	平均最短路径	度度相关系数
$N=1000$ Maxiter=980	均匀分布	3.94	0.037	3.93	-0.22
	e^{-x} 的指数分布	3.93	0.049	3.81	-0.18
	x^{-3} 的幂率分布	3.93	0.041	3.86	-0.21

节点数 N 和最大选代次数 Maxiter	适应度概率分布	平均度	平均聚集系数	平均最短路径	度度相关系数
$N=1000$ Maxiter=1000	均匀分布	3.15	0.007	8.1535	−0.12
	e^{-x} 的指数分布	3.08	0.012	8.4262	−0.09
	x^{-3} 的幂率分布	3.03	0.009	10.17	−0.09
$N=1000$ Maxiter=1500	均匀分布	1.75	0.0022	53.6362	−0.1229
	e^{-x} 的指数分布	1.83	0.0006	48.1701	−0.1141
	x^{-3} 的幂率分布	1.77	0.0009	50.2996	−0.1593
$N=1000$ Maxiter=2000	均匀分布	1.76	0.0007	53.3	−0.16
	e^{-x} 的指数分布	1.73	0.002	54.2	−0.18
	x^{-3} 的幂率分布	1.76	0.0034	55.6	−0.18
$N=50$ Maxiter=2000	均匀分布	2.12	0.0826	43.1464	−0.2931
	e^{-x} 的指数分布	1.98	0.0234	40.6898	−0.2291
	x^{-3} 的幂率分布	1.81	0.0391	45.7804	−0.3697
$N=30$ Maxiter=2000	均匀分布	1.90	0.0499	40.0239	−0.3005
	e^{-x} 的指数分布	1.89	0.0465	40.5600	−0.3538
	x^{-3} 的幂率分布	2.22	0.0669	30.4175	−0.3399

5.2　改进的扩展微粒群算法

5.2.1　算法思想

本章提出一个改进的扩展微粒群算法（MEPSO）。MEPSO改进了扩展微粒群算法（EPSO）[101]的速度方程，建立了与结构相关的速度更新方程。

MEPSO算法的速度和位置更新方程为

$$v_{ik}(t+1) = wv_{ik}(t) + (1-F_i)c_i \left\{ \sum_{\substack{j \in n(B(i)) \\ j \neq g \\ j \neq i}} r_{jk}\left[p_{jk}(t) - x_{ik}(t)\right] \right. \tag{5.4}$$

$$\left. - \sum_{j \in n(W(i))} r_{jk}\left[p_{jk}(t) - x_{ik}(t)\right]\right\} + F_i\beta\left\{r_{gk}\left[p_g(t)\right.\right.$$

$$\left.\left. - x_{ik}(t)\right] + r_i\left[p_i(t) - x_{ik}(t)\right]\right\}$$

$$x_{ik}(t+1) = x_{ik}(t) + v_{ik}(t+1) \tag{5.5}$$

式中，β 为一个给定的常数；$n(B(i)) = \left\{j\,\middle|\,f(P_j) \leqslant f(X_i), j \in \text{neighbor}(i)\right\}$，即 $n(B(i))$ 集合存放微粒 i 的邻居中历史最优适应值比微粒 i 适应值好的微粒，$n(W(i)) = \left\{j\,\middle|\,f(P_j) > f(X_i), \forall j \in \text{neighbor}(i)\right\}$，即 $n(W(i))$ 集合存放微粒 i 的邻居中历史最优适应值比微粒 i 适应值劣的微粒；微粒 i 的相对适应值 F_i 定义为

$$F_i = \frac{k_i(t) - \text{Rank}_i(t) + 1}{k_i(t)} \tag{5.6}$$

式（5.4）中微粒 i 的相对适应值 F_i 与文献[105]中"上位适应值"的定义相似，如图5-3所示。式（5.6）中的 $k_i(t)$ 和 $\text{Rank}_i(t)$ 分别是第 t 代微粒 i 的度和微粒 i 在其邻居中的排名，且适应值好的微粒，其排名值小；适应值差的微粒，其排名值大；适应值相同的微粒，它们的排名值相同。从式（5.6）可以看出，F_i 的取值与微粒 i 在 t 时刻的度值和其在邻居中的排名有关，取值范围为[0，1]，并且微粒 i 在其邻居中的排名越小，其相对适应值 F_i 越大，反之则不然。式（5.4）表明相对适应值 F 影响微粒的搜索速度，进而影响微粒的适应值，而 MF 模型表明微粒依靠度和适应值吸引连接，

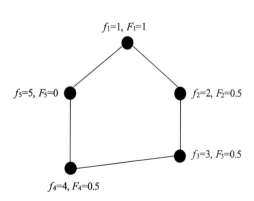

图5-3 环形结构中节点的相对适应值 F

因此 F 影响种群结构的演化过程。同时，式（5.6）表明种群结构的演化过程影响相对适应值 F 的取值。在图 5-3 中 $f_i = i$ 表示微粒 i 的目标函数值为 i。图 5-3 表明种群结构对微粒的相对适应值 F 影响较大，在微粒适应值不变的情况下，不同的种群结构使得微粒具有不同的相对适应值。

由式（5.4）可知，MEPSO 的速度更新方程与 EPSO 的速度更新方程相近，相同的是两者都采用拟态物理学中的引斥力规则来定义微粒间相互作用的方式；不同的是式（5.4）把微粒 g 和微粒 i 对微粒 i 产生的引力，从 EPSO 速度更新方程中提出，单独作为 MEPSO 速度方程中的一项。

如果令

$$G_1 = v_{ik}(t) \tag{5.7}$$

$$G_2 = \sum_{\substack{j \in n(B(i)) \\ j \neq g \\ j \neq i}} r_{jk}\big[p_{jk}(t) - x_{ik}(t)\big] - \sum_{j \in n(W(i))} r_{jk}\big[p_{jk}(t) - x_{ik}(t)\big] \tag{5.8}$$

$$G_3 = \big[p_g(t) - x_{ik}(t)\big] + \big[p_i(t) - x_{ik}(t)\big] \tag{5.9}$$

则式（5.4）变为

$$v_{ik}(t+1) = wG_1 + (1 - F_i)c_i G_2 + F_i \beta G_3 \tag{5.10}$$

式（5.10）把速度更新公式分为三部分。当 $F_i = 0$ 时，式（5.10）仅包括前两部分，第一部分是微粒先前的速度；第二部分表示由于微粒 i 是其邻居中适应值最差的微粒，所以微粒 i 完全追随它的邻居，向它们学习，而不再向其先前记忆 P_i 运动，这可以阻止差的信息在邻居甚至种群中传播；当 $F_i = 1$ 时，式（5.10）仅包括第一和第三部分。第三部分表示，由于微粒 i 是其邻居中适应值最好的微粒，所以微粒 i 忽略掉自己邻居提供的信息，而向更优的微粒 P_g 和其先前记忆 P_i 学习，这可以避免微粒 i 受较差的邻居信息影响，从而使微粒 i 完全受适应值最优微粒的影响。这个学习过程与生物社会中个体间的学习相似。当个体是邻居中最优秀的个体时，为了继续进步其应该向更优秀的个体学习；而当个体是邻居中最差的个体时，其首先向它的邻居学习以提高自己。微粒的优秀程度（F_i）决定了其向邻居学习的程度，F_i 越大，

则微粒 i 向邻居学习的越少。从式（5.4）可知，若设置所有微粒的 $F = 1$，则式（5.4）变为 PSO 的速度进化方程；而若设置所有微粒的 $F = 0$，则式（5.4）近似于 EPSO 的速度进化方程。

F_i 的定义与 APO 算法中的质量参数 m 的定义相似，它们都是个体适应值的排名在区间[0，1]内的映射。但是，在 APO 速度更新公式中，质量 m 类似于权重因子，它表明具有不同质量的个体，对个体 i 具有大小不同的力作用。而在 MEPSO 的速度更新公式中，微粒 i 根据其相对适应值，来决定其更偏向于 G_2 还是 G_3 的方向运动，即当 F_i 逐渐增大时，微粒 i 逐渐偏向于 G_3 运动；相反，当 F_i 逐渐减小时，微粒 i 逐渐偏向于 G_2 运动。相对适应值 F 与质量 m 对微粒（个体）运动方向的影响如图5-4和图5-5所示。

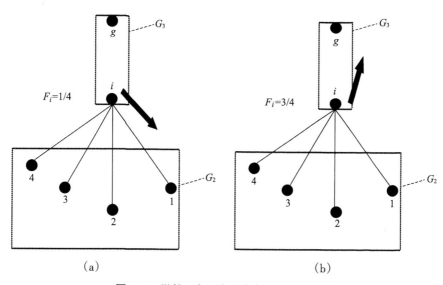

图5-4　微粒 i 受 F_i 的影响产生不同的偏移

设置式（5.4）中的参数 $c_i = k_i$，使得度大的节点做全局搜索，而度小的节点做局部搜索。式（5.4）中的参数 c_i 与 APO 算法中的质量 m 具有不同的意义，c_i 的设置反映了微粒 i 根据自身的属性——度决定其运动（大小），而在 APO 中，微粒 i 的运动（大小）是由其他微粒的属性——质量决定的。

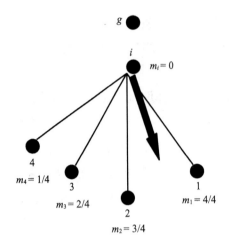

注：图5-4和图5-5中的黑实线表示节点之间的边，两图中节点i均有4个邻居（1，2，3，4），g微粒表示群体中历史适应值最优的微粒；图5-4中4个邻居对微粒i的作用构成了式（5.10）中的G_2，而微粒i和微粒g构成了式（5.10）中的G_3，黑色的粗实箭头表示根据微粒i的F_i值，微粒i在G_2和G_3之间偏移运动的方向；图5-5中4个邻居对个体i的作用力大小，由相应的质量m决定，粗的黑实线表示个体i偏向于质量大的节点的方向运动。

图5-5　APO算法中微粒i受不同质量邻居的影响产生的运动偏移

5.2.2　改进的扩展微粒群算法的收敛性分析

扩展微粒群算法的收敛条件是：$0 \leqslant w < 1$ 且 $0 < \varphi < 2(1 + w)$，其中，$\varphi = \dfrac{1}{2} \sum\limits_{j \in B(i)} c_j - \dfrac{1}{2} \sum\limits_{j \in W(i)} c_j$。对于式（5.4）而言，$\varphi = \dfrac{1}{2}(1 - F_i)c_i \big| n[B(i)] \big| - \dfrac{1}{2}(1 - F_i)c_i \big| n[W(i)] \big| + \dfrac{1}{2}F_i\beta + \dfrac{1}{2}F_i\beta$，其中，$\big| n[B(i)] \big|$ 和 $\big| n[W(i)] \big|$ 分别表示集合 $n[B(i)]$ 和 $n[W(i)]$ 中的元素个数。因此，MEPSO的收敛条件为

$0 \leqslant w < 1$ 且

$$0 < \frac{1}{2}(1 - F_i)c_i \big| n[B(i)] \big| - \frac{1}{2}(1 - F_i)c_i \big| n[W(i)] \big| \qquad (5.11)$$
$$+ \frac{1}{2}F_i\beta + \frac{1}{2}F_i\beta < 2(1 + \omega)$$

下面依据 F_i 的三种取值对式（5.11）进行讨论。

1）若 $F_i = 1$，则 $0 < F_i\beta < 2(1 + \omega)$，因此当 $0 < \beta < 2(1 + \omega)$ 时，微粒 i 做收敛运动；

2）若 $F_i = 0$，则 $0 < c_i(\big| n[B(i)] \big| - \big| n[W(i)] \big|) < 4(1 + \omega)$，对其进一步

分析得：

①当 $\left|n\left[B(i)\right]\right|-\left|n\left[W(i)\right]\right|\leqslant 0$，微粒 i 做发散运动；

②当 $\left|n\left[B(i)\right]\right|-\left|n\left[W(i)\right]\right|>0$ 时，由于 $0<c_i<\dfrac{4(1+\omega)}{\left|n\left[B(i)\right]\right|-\left|n\left[W(i)\right]\right|}$ 和

$0\leqslant w<1$，且 $\min\left\{\left|n\left[B(i)\right]\right|-\left|n\left[W(i)\right]\right|\right\}=1,\max\left\{\left|n\left[B(i)\right]\right|-\left|n\left[W(i)\right]\right|\right\}$

$=N$，以及 $\min 4(1+\omega)=4,\ \max 4(1+\omega)=8$，因此，

当 $c_i\geqslant 8$，即 $k_i\geqslant 8$ 时，因为 $c_i=k_i\geqslant 8\geqslant\dfrac{\max 4(1+\omega)}{\min\left\{\left|n\left[B(i)\right]\right|-\left|n\left[W(i)\right]\right|\right\}}$，所

以微粒 i 做发散运动；

当 $c_i\leqslant 2$，即 $k_i\leqslant 2$ 时，因为 $\max\left\{\left|n\left[B(i)\right]\right|-\left|n\left[W(i)\right]\right|\right\}=2,\ c_i=$

$k_i\leqslant 2\leqslant\dfrac{\min 4(1+\omega)}{\max\left\{\left|n\left[B(i)\right]\right|-\left|n\left[W(i)\right]\right|\right\}}$，所以微粒 i 做收敛运动；

当 $2<c_i=k_i<8$ 时，微粒 i 可能做发散运动，也可能做收敛运动。

3）若 $0<F_i<1$，则 $0<(1-F_i)c_i\left\{\left|n\left[B(i)\right]\right|-\left|n\left[W(i)\right]\right|\right\}+2F_i\beta<4(1+\omega)$，对

其进一步分析得：

①由于 $\min 4(1+\omega)=4$，当 $\max\left\{\left|n\left[B(i)\right]\right|-\left|n\left[W(i)\right]\right|\right\}=2$ 且 $c_i=\beta$ 时，

有 $0<c_i\max\left\{\left|n\left[B(i)\right]\right|-\left|n\left[W(i)\right]\right|\right\}<4$，因此当 $0<c_i=k_i\leqslant 2$ 时，微粒 i 做收

敛运动；

②由于 $\max 4(1+\omega)=8$，当 $\min\left\{\left|n\left[B(i)\right]\right|-\left|n\left[W(i)\right]\right|\right\}=1$ 且 $c_i=\beta$ 时，有

$0<c_i\min\left\{\left|n\left[B(i)\right]\right|-\left|n\left[W(i)\right]\right|\right\}<8$，因此当 $c_i=k_i\geqslant 8$ 时，微粒 i 做发散运动；

③当 $2<c_i=k_i<8$ 时，微粒 i 可能做发散运动，也可能做收敛运动。

综上，度小的节点，在较小的加速系数下，做收敛运动的可能性较大；而度大的节点，在较大的加速系数下，做发散运动的可能性较大。通过本节算法收敛性分析，获得了参数选择策略，并用来指导仿真实验中的参数选择。

5.3 MFMEPSO算法流程

将MF模型作用在算法的种群上，当算法进化停滞时，结构开始演化。因此，本章的种群结构演化和算法进化的结合方式不同于前几章的形式。种群结构的演化时刻，由算法的搜索情况来决定，结构演化总是为算法进化服务，因而有利于算法进化。

将初始结构即环形结构作用在算法上，当算法进化停滞后，种群结构进入不断演化的阶段。为了清楚地说明这一阶段算法和结构演化的执行过程，这里给出MFMEPSO在本阶段的执行流程图，如图5-6所示。

（1）系统熵

这里采用群体多样性值来表示算法系统的熵值。文献[74]中提出了两种表示种群多样性的方法：一种是用种群平均半径表示；另一种是用群体中最优适应值$f(P_g)$表示。采用$f(P_g)$表示群体多样性是指，若算法未搜索到全局最优解，而$f(P_g)$停止进化，则群体具有较差的多样性；若$f(P_g)$持续进化，则群体具有较好的多样性。造成$f(P_g)$停止进化的原因有两个：

①群体中的微粒过度聚集在某一个不包含全局最优解的区域内，算法无法搜索到更优的解而使得$f(P_g)$停止进化。

②群体中的微粒过度分散且微粒的搜索速度较大，从而使得微粒不能进入适应值较优的区域内继续搜索，而导致$f(P_g)$停止进化。对于PSO而言，常常因为第一个原因，使得$f(P_g)$停止进化；而对于EPSO而言，常常因为第二个原因，使得$f(P_g)$停止进化。因此，这里用$f(P_g)$的进化停滞来表示系统熵较小[63]，需要通过加入或删除节点给予算法系统扰动。

用γ表示$f(P_g)$停止进化的次数，则算法系统熵表示为

$$\gamma = \begin{cases} 0, & f(P_g)(t) < f(P_g)(t-1) \\ \gamma + 1, & f(P_g)(t) \geqslant f(P_g)(t-1) \end{cases} \tag{5.12}$$

如果$\gamma \geqslant \Delta$（Δ为临界值），则算法系统熵值较小。

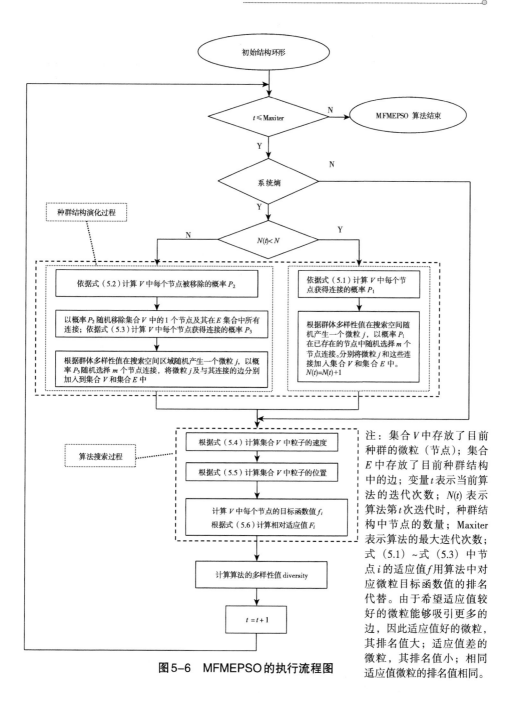

图 5-6 MFMEPSO 的执行流程图

注：集合 V 中存放了目前种群的微粒（节点）；集合 E 中存放了目前种群结构中的边；变量 t 表示当前算法的迭代次数；$N(t)$ 表示算法第 t 次迭代时，种群结构中节点的数量；Maxiter 表示算法的最大迭代次数；式（5.1）~式（5.3）中节点 i 的适应值 f 用算法中对应微粒目标函数值的排名代替。由于希望适应值较好的微粒能够吸引更多的边，因此适应值好的微粒，其排名值大；适应值差的微粒，其排名值小；相同适应值微粒的排名值相同。

Δ是影响结构演化速度和算法性能的重要因素。若Δ值过小，则节点增加的速度较快，从而使得结构的平均度快速增加，平均最短路径长度减少，这将加快微粒间信息的传播速度，算法探索全局的能力减弱；若Δ值过大，则在较长的时间内，算法均在环形或近似环形的结构上运行，这将影响算法的收敛速度。考虑到算法进化以及结构演化的需求，这里设计Δ随迭代次数的增加而逐渐减小，即$\Delta = \Delta_{up} - \dfrac{(\Delta_{up} - \Delta_{low})t}{\text{Maxiter}}$，其中，$\Delta_{up}$和$\Delta_{low}$分别为$\Delta$的上界和下界值。在算法搜索初期，$\Delta$值较大，算法可以较长时间地运行在环形或接近环形的结构上，使得微粒可以广泛地探索搜索空间，获得更多的候选解。随着算法的进化，Δ值逐渐减小，节点加入种群结构的速度逐渐加快，结构中信息传播的速度较快，从而使得算法具有较快的收敛速度。

（2）群体多样性的定义

由于MFMEPSO根据群体中微粒的聚集情况产生新生微粒的位置，因此，这里采用文献[85]提出的个体到群体中心的平均点距来度量群体多样性。计算公式为

$$\text{diversity}(t) = \frac{\dfrac{1}{N(t)}\sum_{i=1}^{N(t)}\sqrt{\sum_{k=1}^{n}\left[p_{ik}(t) - \overline{p_k(t)}\right]^2}}{\max\limits_{1 \leqslant i,j \leqslant N(t)}\left(\sqrt{\sum_{k=1}^{n}\left[p_{ik}(t) - p_{jk}(t)\right]^2}\right)} \tag{5.13}$$

式中，$N(t)$表示第t次迭代的种群规模；n表示函数维数；$\overline{p_k(t)} = \dfrac{1}{N(t)}\sum_{i=1}^{N(t)}p_{ik}$。

（3）新节点在搜索空间产生的位置

当算法进化停滞时，需要产生新节点。若MFMEPSO进化停滞的原因是种群中微粒过度分散且微粒搜索速度较大，而使得算法无法继续向全局最优搜索，则需要将新微粒产生在P_g附近，以便对此位置进行精细搜索；而若MFMEPSO进化停滞的原因是种群中微粒过度聚集在某一个不包含全局最优的区域内，而使得算法无法搜索到全局最优，则需要将新微粒产生在远离P_g的区域中，以使算法能够探索新的领域。因此，这里设计新微粒产生的位置

为：以第 t 次迭代的 $P_g(t)$ 为均值，以第 t 次迭代的群体多样性值的倒数 $\left[\dfrac{1}{\text{diversity}(t)}\right]$ 为方差，正态分布产生新微粒的位置。若在当前群体中，微粒分布得较为分散 [diversity(t) 值较大]，即群体多样性较好，则新微粒在 $P_g(t)$ 附近的较小范围 $\left(\dfrac{1}{\text{diversity}}\right)$ 内产生，以便对 $P_g(t)$ 做精细搜索；若在当前群体中，微粒分布得较为紧密 [diversity(t) 值较小]，即群体多样性较差，则新微粒在 $P_g(t)$ 的较大范围 $\left(\dfrac{1}{\text{diversity}}\right)$ 内产生，以便使得算法能够跳出局部最优，到更好的区域内搜索。

$$X = \text{random}(\mu, \sigma^2) \tag{5.14}$$

式中，$\mu = P_g(t)$，$\sigma^2 = \dfrac{1}{\text{diversity}(t)}$，$\text{random}(\mu, \sigma^2)$ 为正态分布产生的数。

5.4 MFMEPSO算法的全局收敛性

在文献[107]中 Solis 和 Wets 证明了随机优化算法以概率 1 收敛于全局最优解的条件，为了分析方便，这里首先给出其主要结论：

假设5.1 若 $f(D(z,\xi)) \leqslant f(z)$，$\xi \in \Omega$，则 $f(D(z,\xi)) \leqslant f(\xi)$，其中，$D$ 为产生问题解的函数，ξ 为从概率空间 (R^n, B, μ_k) 产生的随机向量，f 为目标函数，Ω 为 R^n 的子集，表示问题的约束空间。μ_k 为 B 上的概率度量，B 为 R^n 子集的 σ 域。

假设5.2 若对 Ω 的任意 Borel 子集 A，有 $v(A) > 0$，则

$$\prod_{k=0}^{\infty}\left[1 - \mu_k(A)\right] = 0 \tag{5.15}$$

式中，$v(A)$ 为子集 A 的 n 维闭包，$\mu_k(A)$ 为由 μ_k 产生 A 的概率。

定理5.1 设 f 为一可测函数，Ω 为 R^n 的一可测子集，$\left\{z_k\right\}_0^{\infty}$ 为随机算法产

生的解序列，则当满足假设5.1和假设5.2时，有

$$\lim_{k \to +\infty} P[z_k \in R_\varepsilon] = 1 \tag{5.16}$$

式中，R_ε 为全局最优点集合。

在 MFMEPSO 中，其解序列为 $\{P_g(t)\}$，其中 t 为进化迭代数，$P_g(t)$ 为第 t 代时群体的最好位置。对 MFMEPSO 算法，定义函数 D 为

$$D[P_g(t), x_i(t)] = \begin{cases} P_g(t), & f[P_g(t)] \leq f[x_i(t)] \\ x_i(t), & f[P_g(t)] > f[x_i(t)] \end{cases} \tag{5.17}$$

则可证明其满足假设5.1。

若要满足假设5.2，则种群规模为 $N(t)$ 的群体样本空间必须包含 Ω，即 $\Omega \subseteq \bigcup_{i=1}^{N(t)} M_{i,t}$，其中 $M_{i,t}$ 为 t 代时微粒 i 的样本空间的支撑集。当算法停止进化，对于以正态分布新加入种群的微粒 i 而言，$M_{i,t} = \Omega$，而对于其他微粒 i：

$$M_{i,t} = x_{ik}(t) + w v_{ik}(t) + (1 - F_i) c_i \left\{ \sum_{\substack{j \in n(B(i)) \\ j \neq g \\ j \neq i}} r_{jk} p[_{jk}(t) - x_{ik}(t)] \right.$$

$$\left. - \sum_{j \in n(W(i))} r_{jk} [p_{jk}(t) - x_{ik}(t)] + F_i \beta r[_{gk}(p_g(t) - x_{ik}(t)] + r_{ik} p[_i(t) - x_{ik}(t)] \right\}$$

因此，$\Omega \subseteq \bigcup_{i=1}^{N(t)} M_{i,t}$。定义 Ω 的 Borel 子集 $A = M_{i,t}$，则有 $v(A) > 0$，$\mu_t(A) = \sum_{i=0}^{N(t)} \mu_{i,t}(A) = 1$，因此，满足假设5.2。由定理5.1，MFMEPSO 算法以概率1收敛于全局最优解。

5.5　种群结构对算法性能的影响分析

结构的演化过程和最终结构的性质受种群规模上限 N、算法最大迭代次数 Maxiter、系统熵、新微粒产生的位置以及节点度和节点相对适应值的影响。随着算法进化，对于不同的优化函数，可能会产生不同的种群结构。当

算法进化结束时，种群规模为 $N(\text{Maxiter})$。根据 $N(\text{Maxiter})$ 的值，种群结构大致分为以下三种：

情况1：$N(\text{Maxiter}) = m_0$ 或 $m_0 < N(\text{Maxiter}) << N$。

在 Maxiter 内，若算法能够持续进化，则种群结构几乎不发生演化。算法运行结束时的种群结构为环形结构或者近似于环形结构。

环形结构具有较小的平均度、较长的平均最短路径以及较好的连通性，因而使得群体中的微粒具有广泛探索搜索空间的能力，从而可以获得较多的候选解。同时，在环形结构中每一个微粒向群体中最优位置运动的速度较快，因此有助于提高算法的收敛速度。这样，对于一些优化函数，环形结构或近似的环形结构可以使算法得到持续进化。

种群规模上限 N 对属于情况1的种群结构具有较小的影响。

情况2：$m_0 << N(\text{Maxiter}) < N$。

在 Maxiter 内，由于算法频繁停止进化，因此新节点不断地被引入到种群结构中。若 $m_0 << N(\text{Maxiter}) < N$，则种群结构特征与群体中微粒适应值的分布有关[13]。若群体中微粒适应值的分布具有有限支撑，则种群结构的度分布近似于图5-2（a），即近似于幂率分布，而其他结构特征度量近似于表5-1中 Maxiter = 980 的各值；若群体中微粒适应值分布具有无限支撑，那么适应度最高的那个节点能获得占整个网络总边数一定比例的边数。而当取参数较大值时亦可获得类似的结构特征。若群体中微粒适应值的分布具有有限支撑，则由图5-2（a）和（b）可以看出，结构中存在少量度大节点和大量度小节点，因此可以较好地平衡算法的全局搜索和局部搜索能力。

情况3：$N(t) = N(\text{Maxiter}) = N$ 且 $t < \text{Maxiter}$。

若 $N(t) = N$ 且 $t < \text{Maxiter}$，则在 $\text{Maxiter} - t$ 内，如果算法停止进化，那么种群结构将按照5.1.1节中的步骤3和步骤4进行演化。种群结构所表现出的性质与群体微粒的适应值分布，迭代次数 t、N 以及 Maxiter 的取值有关。如果 $\text{Maxiter} - t$ 的值较小，且群体微粒的适应值分布具有有限支撑，则种群结构的度分布近似于图5-2（b），而其他结构特征度量近似于表5-1中 Maxiter =

1000的各值；如果Maxiter − t的值较大，且群体微粒的适应值分布具有有限支撑，则种群结构的度分布近似于图5-2（c）和（d），而其他结构特征度量近似于表5-1中Maxiter = 1500和2000的各值。

种群规模上限N对属于情况2和3的种群结构特征具有较大的影响。

5.6　仿真实验

5.6.1　实验一：MFMEPSO与EPSO和PSO的性能比较

由于MEPSO是对EPSO算法的改进，同时当$F_i = 1$时，微粒i采用PSO的速度方程进行更新。因此，为了测试MFMEPSO的性能，本实验选取EPSO和PSO，与MFMEPSO在尽可能相同的条件下进行性能比较。因为MFMEPSO的种群规模是动态变化的，所以EPSO和PSO的种群规模取表5-2中相应函数的种群规模。实验环境为：当函数维数$n = 30$时，Maxiter = 20000；当$n = 50$时，Maxiter = 30000；当$n = 100$时，Maxiter = 60000。MFMEPSO算法的初始种群规模$m_0 = 20$，新节点的度$m = 2$；最大种群规模$N = 100$，$\Delta_{up} = 500$，$\Delta_{low} = 300$，w从0.9到0.4线性递减，并且为了获得较好的算法性能，根据MEPSO的收敛性分析，若$k_i \leqslant 2$时，则设置$c_i = 1.0$，$\beta = 1.5$；否则，设置$c_i = \alpha k_i$（α为比例因子，取经验值，通常设置$\alpha = 1$。但是对某些函数，在$c_i = k_i$下，算法全局搜索能力较差时，将α设置的较大些，使得$2 < k_i < 8$中的大部分微粒做发散运动和全局搜索），且当$\left| f_{Pg}(t) - f_{Pg}(t+1) \right| < 10^{-3}$时，$\gamma = \gamma + 1$；在EPSO中，$c = 10$，$w$的取值与MFMEPSO相同；在PSO中，$c_1 = c_2 = 2.0$，$w$的取值与MFMEPSO相同。表5-2记录了各算法独立运行30次所获得的最优值（min）和平均值（mean）以及MFMEPSO算法独立运行30次的平均种群规模（size）。

表5-2　MFMEPSO与EPSO和PSO在不同维函数上的优化结果

函数	n	MFMEPSO			EPSO		PSO	
		min	mean	size	min	mean	min	mean
Rosenbrock $\alpha = 500$	30	3.0E−7	7.1E−1	43	29	29	1.4E−1	2.7E+1
	50	5.9E−9	7.1	38	49	49	3.5E−1	4.6E+1
	100	1.4E−4	5.6E+1	55	99	99	5.0E+1	1.2E+2
Sphere $\alpha = 1$	30	0	0	22	0	0	0	0
	50	0	0	24	0	0	4.6E−81	8.5E−75
	100	0	0	27	0	0	9.4E−54	9.7E−48
Schwefel $\alpha = 1$	30	−1.1E+4	−1.0E+4	72	−5.6E+3	−5.5E+3	−1.2E+4	−1.1E+4
	50	−1.8E+4	−1.5E+4	96	−8.8E+3	−8.2E+3	−2.0E+4	−1.9E+4
	100	−3.4E+4	−2.5E+4	100	−1.5E+4	−1.3E+4	−3.8E+4	−3.7E+4
Penalized F_2 $\alpha = 1$	30	7.1E−14	1.1E−3	72	2.9	2.9	7.1E−14	7.1E−14
	50	7.1E−14	2.6E−2	85	4.8	4.8	7.1E−14	2.7E+1
	100	6.5E−13	3.1E−1	100	9.8	9.8	1.5E+2	2.2E+2
Penalized F_1 $\alpha = 1$	30	7.4E−14	7.4E−14	76	1.1	1.1	2.2E−14	2.2E−14
	50	4.4E−14	3.1E−3	100	1.1	1.1	4.4E−14	4.4E−14
	100	2.2E−14	6.9E−2	100	1.1	1.1	2.2E−14	1.8E−2
Rastrigin $\alpha = 1$	30	0	0	23	0	0	1.6E+1	2.6E+1
	50	0	0	24	0	0	4.0E+1	6.4E+1
	100	0	0	25	0	0	1.4E+2	1.8E+2
Griewank $\alpha = 1$	30	0	0	23	0	0	0	1.7E−2
	50	0	0	24	0	0	0	1.6E−2
	100	0	0	29	0	0	2.2E−16	1.7E−2
Ackley $\alpha = 1$	30	5.9E−16	5.9E−16	71	5.9E−16	5.9E−16	4.1E−15	8.0E−15
	50	5.9E−16	5.9E−16	100	5.9E−16	5.9E−16	1.1E−14	1.3E−14
	100	5.9E−16	5.9E−16	100	5.9E−16	5.9E−16	2.2E−14	2.7E−14

由表5-2可知，MFMEPSO表现最好，其性能优于EPSO；而除Schwefel和penalized F_1函数外，MFMEPSO的性能均优于PSO。MFMEPSO性能优于EPSO的原因是：从MFMEPSO的速度更新公式可知，$F_i = 1$的微粒i仅受群体历史最好和自身历史最好的引力作用，其余微粒受到其邻居的引斥力的合力

作用；同时从MEPSO的收敛分析中得到，在合适的参数设置下可以保证度较小的节点（微粒）向全局最优所在的位置做收敛运动，两者共同作用既保证了算法的全局搜索能力，又大大提高了其局部搜索能力，因此MFMEPSO获得了较好的性能；而在EPSO中，较多的微粒受到较大的斥力作用，使得算法的局部搜索能力较差，因此对于一些函数，EPSO的搜索结果较差。MFMEPSO性能优于PSO的原因是：在PSO中，由于微粒仅受群体历史最好和自身历史最好两方面的引力作用，所以群体多样性较差；而在MFMEPSO中，$F_i \neq 1$的微粒i受到$n[W(i)]$中微粒的斥力作用，所以保持了较好的群体多样性。因此，MF模型的演化机制以及MF模型演化与MEPSO算法进化的结合方式，能够很好地平衡算法的全局搜索和局部搜索能力，因而使得MFMEPSO算法获得了较好的性能。

5.6.2　实验二：不同函数的最终种群结构分析

由于MFMEPSO算法的进化情况决定了种群结构的演化时刻，因此对于不同的函数，种群结构将可能具有不同的特征。为了研究不同优化函数的最终种群结构特征，这里选择50维的优化函数进行实验。实验环境与实验一相同。实验结果如表5-3所示，其中种群规模指20次实验的平均最大种群规模。

表5-3　MFMEPSO算法中不同函数的最终种群结构特征度量

函数	种群规模	最大度（最小度）	平均度	平均聚集系数	平均最短路径	度度相关系数R
Rosenbrock	38	8.5（1.5）	2.7	0.06	3.8	0.47
Sphere	24	4.1（1.7）	2.3	0.02	4.3	0.59
Schwefel	96	24.1（1.1）	3.5	0.14	3.2	−0.36
Penalized F_2	85	21.1（1.1）	3.4	0.10	3.2	−0.29
Penalized F_1	100	25.8（0.8）	3.3	0.10	4.5	−0.40
Rastrigin	24	3.8（1.8）	2.3	0.03	4.3	0.35
Griewank	24	4.3（1.8）	2.3	0.20	4.2	0.29
Ackley	100	14（1）	3.4	0.05	3.4	−0.41

表5-3的数据以及图5-7~图5-10验证了5.5节对种群结构的分析，即最终的种群结构大致分为三类：一类是算法对 Rosenbrock、Sphere、Rastrigin 和 Griewank 函数进行优化时，所形成的种群结构。由于仅有少量节点加入初始结构中，因此结构的最大度值较小，仅有少量的节点具有较大的度，而大部分节点仍然以环形的连接方式进行信息交换，并且度度相关系数 $R > 0$；第二类是算法对 Schwefel、Penalized F_2 和 Ackley 函数进行优化时，所形成的种群结构。由于算法频繁停止进化，因此新节点不断地被引入到种群结构中，但是在 Maxiter 内，平均种群规模接近或等于最大种群规模 N。结构的度分布近似幂率分布，度度相关系数系 $R < 0$；第三类是算法对 Penalized F_1 函数进行优

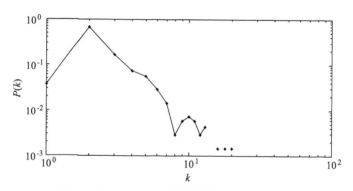

图5-7 Rosenbrock 函数最终种群结构的度分布

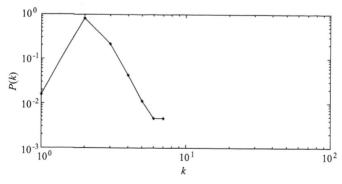

图5-8 Sphere 函数最终种群结构的度分布

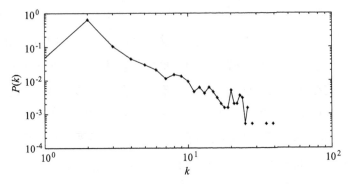

图5-9　Schwefel函数最终种群结构的度分布

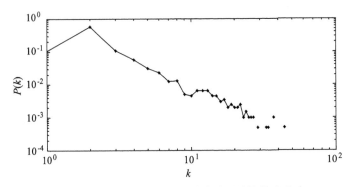

图5-10　Penalized F_1 函数最终种群结构的度分布

化时所形成的种群结构。表5-3和图5-10表明种群结构已经进入节点删除与补偿演化阶段，但是由于种群结构在这一阶段的演化时间较短，因此平均最短路径长度较短，而没有出现表5-1中 Maxiter = 1500和2000时的较大平均最短路径长度。

5.6.3　实验三：MFMEPSO的收敛速度和收敛精度分析比较

由于在MFMEPSO算法的搜索过程中不断有新微粒进入种群，因此可能影响算法的收敛速度和收敛精度。为了验证在合适的种群结构中，即使不断向种群引入新节点，算法也具有较快的收敛速度和较高的收敛精度，本实验选取基于环形结构的改进扩展微粒群算法（MEPSO-Ring）和基于完全连接型结构的改进扩展微粒群算法（MEPSO-Full）与MFMEPSO算法进行收敛速度（用算法的执行时间来表示）和收敛精度的比较。以50维Penalized F_2 函数为例，实验环境与MFMEPSO实验一相同；为了尽可能在相同条件下比较，MEPSO-Ring 和 MEPSO-Full 的种群规模 $N' = m_0 + \dfrac{N - m_0}{2} = 53$，其中 $m_0 = 20$，$N = 85$（85是表5-4中MFMEPSO的最大种群规模）；对于MEPSO-Ring，$c_i = 1.0$，$\beta = 1.5$，w 从 0.9 到 0.4 线性递减；对于 MEPSO-Full，$c_i = \alpha k_i$，$\beta = 1.5$，其中，$\alpha_i = 100$，w 从 0.9 到 0.4 线性递减。

表5-4 MFMEPSO与MEPSO-Ring和MEPSO-Full的收敛速度和收敛精度

MFMEPSO			MEPSO-Ring		MEPSO-Full	
执行时间/s	平均目标函数值	最大种群规模	执行时间/s	平均目标函数值	执行时间/s	平均目标函数值
81	2.6E-2	85	128	1.8E+1	439	4.81

由表5-4可知，MFMEPSO的收敛速度最快，并且收敛精度最高。这表明，尽管不断地向种群引入新微粒，但是只要在合适的种群结构上，不断增加种群规模不会影响算法的收敛速度和收敛精度。

图5-11和图5-12分别描述了MFMEPSO、MEPSO-Ring和MEPSO-Full的平均最优适应值和多样性值的变化过程。而图5-13描述了MFMEPSO的种群规模和平均最优适应值的变化过程。

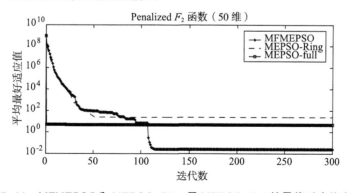

图5-11 MFMEPSO和MEPSO-Ring及MEPSO-Full的最优适应值变化

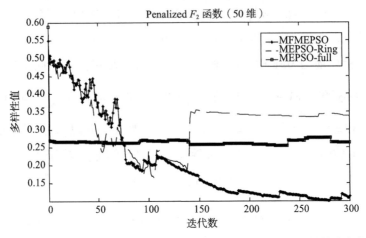

图5-12　MFMEPSO和MEPSO-Ring及MEPSO-Full的多样性值变化

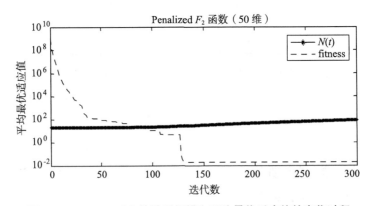

图5-13　MFMEPSO的种群规模和平均最优适应值的变化过程

由图5-11和图5-12看出，与MEPSO-Ring和MEPSO-Full比较，由于不断地向种群引入新微粒，MFMEPSO算法保持了较好的种群多样性，因此算法能够持续进化而不断向全局最优解靠近。从图5-13可知，随着种群规模的增大，算法的平均最优适应值逐渐变好，这表明采用MF模型的演化机制能够提高算法的搜索性能。

5.6.4 实验四：结构特征度量的演化过程

为了获得结构特征度量的演化过程与算法性能之间的关系，本实验用图 5-14~图5-17描述了结构特征度量的演化过程。

由图 5-14 和图 5-15 可知，随着算法进化，结构中信息的传播速度逐渐变快。这样的变化过程，使得在算法进化初期，群体具有较好的多样性，算法具有较强的探索全局的能力；而在算法进化后期，算法具有较快的收敛速度。图 5-16 的平均度演化过程反映种群结构中边增长的速度。由于其逐步缓慢地增长，因此较好地平衡了算法"开发"与"开采"的比例。

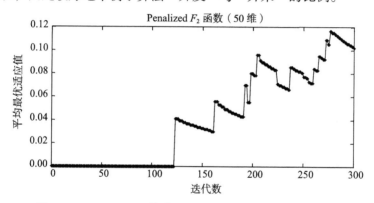

图5-14 MFMEPSO的种群结构平均聚集系数的演化过程

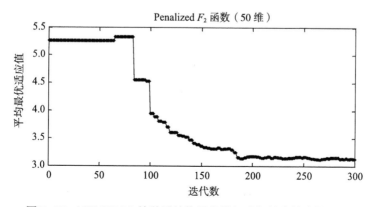

图5-15 MFMEPSO的种群结构平均最短路径长度的演化过程

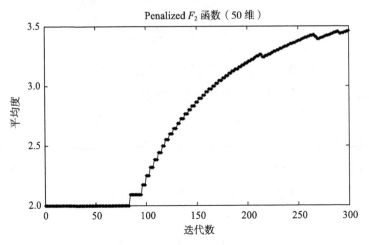

图5-16 MFMEPSO的种群结构平均度的演化过程

图5-17的结构熵的演化过程表明,在算法进化初期,种群结构中节点的度值较均匀。因此,每个节点对其他节点的影响较均匀,微粒不会向某个特定的微粒靠近,从而保证了较好的群体多样性,而随着新节点不断加入,结构熵值增大,种群结构中节点的度值呈现较大的差异,这样结构中较多的节点受到度大的节点影响,在合适的力作用下,这些微粒将逐步向其靠近,进而能够对其所在的位置进行精细搜索。

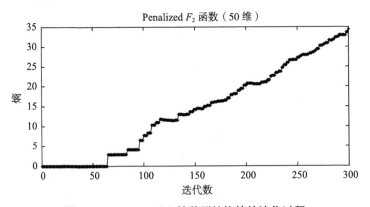

图5-17 MFMEPSO的种群结构熵的演化过程

5.6.5 实验五：种群规模上限 N 对算法性能的影响

由 5.5 节种群结构的分析可知，种群规模上限 N 对于情况 2 和 3 下的种群结构特征影响较大，因此本实验以 50 维的 Penalized F_2 函数为例，测试不同种群规模上限 N 对种群结构特征和算法性能的影响。实验环境同实验一，算法独立运行 50 次。实验结果如表 5-5 所示，其中表中的成功率是指算法在 50 次实验中，全局最好适应值小于 10^{-10} 的实验次数与 50 次实验的比值。

表 5-5 中算法成功率的数据表明，种群规模上限 N 对算法性能具有较大的影响，且随着 N 值的增大，算法成功率越来越高。由表 5-5 和图 5-18~图 5-20 可知，最大种群规模 N 对种群结构特征产生较大的影响。较小的 N 值无法形成具有明显幂率度分布的结构。同时，结构的平均度和平均聚集系数较

表5-5 不同最大种群规模下 MFMEPSO 种群结构特征和算法性能

种群规模/N	成功率/%	平均度	平均聚集系数	平均最短路径	度度相关系数
30	14	2.5	0.04	4.2	−0.32
50	44	2.98	0.06	3.9	−0.39
100	60	3.4	0.10	3.2	−0.29

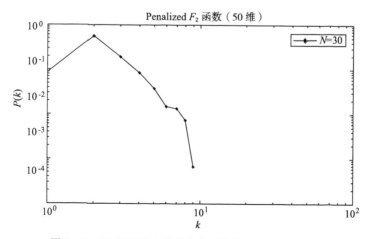

图5-18 MFMEPSO 的最大种群规模 N=30 的度分布

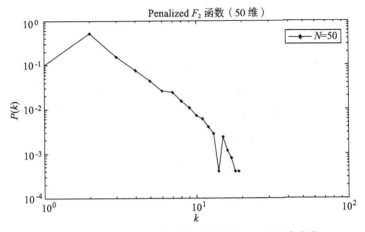

图5-19　MFMEPSO的最大种群规模N=50的度分布

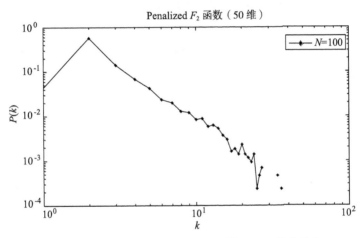

图5-20　MFMEPSO的最大种群规模N=100的度分布

小而平均最短路径较长。对于某些函数而言，这样的结构不利于算法后期的进化。相反，较大的N值能够形成具有近似幂率度分布的结构。因此，对于某些函数而言，这样的结构能够较好地平衡算法的全局搜索和局部搜索能力，同时由于结构的平均度和平均聚集系数较大而平均最短路径较小，因而有助于算法后期的进化。图5-18和图5-19的度分布情况与图5-2（e）和图

5-2（f）相近，但是表5-5中 $N = 30$ 和 $N = 50$ 的结构平均最短路径数据与表5-1中相应的数据相差较大。

5.6.6 实验六：相对适应值 F 对算法性能的影响

由式（5.4）MEPSO的速度更新方程可知，群体中微粒的相对适应值 F 对算法性能具有较大的影响。若种群中相对适应值 $F = 1$ 的微粒较多，则算法的收敛速度较快，算法极易陷入局部最优；而若种群中相对适应值 $F = 1$ 的微粒较少，则较多微粒受到斥力的作用，从而影响算法局部搜索能力。为了分析 MFMEPSO 中相对适应值 F 对算法性能的影响，本实验以50维的 Penalized F_2 函数为例，对整个算法进化期内，种群中取三种 F 值（$F = 1, F = 0, 0 < F < 1$）的微粒数的变化情况进行实验。图5-21描述了不同 F 值的微粒数的变化情况。

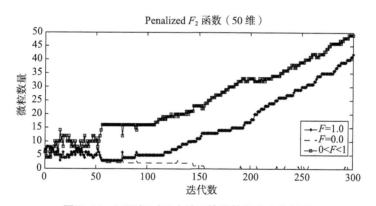

图5-21 不同相对适应值 F 的微粒数的变化过程

由图5-21看出，算法进化初期，种群中 $0 < F < 1$ 的微粒数多于 $F = 1$ 和 $F = 0$ 的微粒数，而 $F = 1$ 和 $F = 0$ 的微粒数相近；随着算法的进化和结构的演化，种群中 $0 < F < 1$ 和 $F = 1$ 的微粒数开始逐步增长，并且在相同的迭代 t

内，取 $0 < F < 1$ 的微粒数始终多于取 $F = 1$ 的微粒数，而 $F = 0$ 的微粒数却逐渐减少，并在大约15000代后近似为0。这样的变化趋势，既可以保持群体的多样性，又可以保证算法具有较快的收敛速度，因而使得算法具有较好的性能。产生图5-21演化趋势的原因可能是：

①合适的种群结构演化机制以及合适的种群结构演化和算法进化的结合形式。

②算法收敛，群体多样性下降，使得微粒 i 的邻居中具有相同且较优适应值的微粒数增多，即 $0 < F < 1$ 和 $F = 1$ 的微粒数较多。

5.7　本章小结

受真实网络的增长特性以及微粒群算法动态种群规模研究成果的启发，并结合算法对种群规模的要求，本章在适应度模型的基础上，构建了一种改进的适应度模型。在规模上限 N 内，改进的适应度模型是一个增长网络模型，按照适应度模型的演化机制进行演化，而当结构规模达到 N 时，网络按照节点删除与等量补偿形式进行演化。被补偿进网络的新节点按照适应度模型中的连接机制与网络中已有节点进行连接。首先通过以一定的适应度分布函数给结构中的节点分配适应值，从理论和数值仿真两方面研究了在改进的适应度模型演化机制下，大规模网络结构特征。结果表明当网络按照适应度模型的演化机制逐步增大网络规模时，其平均度逐渐增大到 $\langle k \rangle \left[t = (N - m_0) \right] =$

$2 + \left[\dfrac{m \times (N - m_0) \times 2}{N} \right]$、平均最短路径减少、聚集系数增大，并且在有限支撑的适应度分布函数下，度分布满足幂率分布；当网络演化进入节点删除与等量补偿的演化阶段，网络演化稳定时，结构的平均度 $\langle k \rangle = m$、平均最短路径较长。将改进的适应度模型作用在算法上，构造了种群结构演化与算法进化的异步结合方式，即算法的搜索情况决定了改进适应度模型的演化时刻。进一步改进扩展微粒群算法的速度公式，使得微粒的速度更新公式与结构的连接方式相关，并从理论上分析了MEPSO算法的收敛条件和MFMEPSO算法的全局收敛性。之后，结合改进扩展微粒群算法的特点，设计了节点的生灭策略，即以反择优适应值和度值的概率，在群体中随机选择一个节点删除，并根据当前群体多样性值，在搜索空间正态分布地产生一个新微粒，并且对种群拓扑结构和算法性能的关系进行了分析。通过与EPSO和PSO在不同函数维数上的实验测试，表明了MFMEPSO具有较好的性能；通过对最终种群结构特征的仿真实验，获得了不同优化函数所需要的种群结构特征；通过与MEPSO-Ring算法和MEPSO-Full算法的收敛速度和收敛精度的比较，表明了MFMEPSO算法具有较快的收敛速度和收敛精度；通过对种群结构特征度量演化过程的实验，得出在整个算法进化过程中，逐渐变快的信息传播速度符合算法搜索初期和后期的需要；通过对不同种群规模上限N的实验，表明N对算法性能和结构特征具有重要影响；通过相对适应值F对算法性能影响的实验分析，得出$F=1$，$F=0$和$0<F<1$的微粒数的变化趋势，既可以保持群体的多样性，又可以保证算法具有较快的收敛速度。

第6章 总结与展望

6.1 总结

保修服务是卖方确保产品销售不断增长、保证利润的重要环节，也是确保产品能够正常工作，避免故障停机对买方造成经济损失的一种重要服务。因为用于生产的大型装备类产品一旦停机，将对买方造成巨大的经济损失。

因此，本书在分析大型装备类产品特点的基础上，以减少大型装备故障停机为目的，构建了买方投资产品保修期内和全生命周期内预防性维修费用的保修模型；分析了故障率、各种费用和折现因子等对卖方和买方双赢区间的影响，并分析了在满足双方双赢时，产品保修期内和全生命周期内卖方的最优预防性维修策略；建立并分析了在新保修模型的基础上，满足双方双赢时，买方和卖方的最优费用模型；为了更好地求解保修模型，进一步研究了一种基于部分信息的吸引排斥的优化算法。

本书的保修策略适用于故障率高、故障停机后生产损失大、故障停机后维修费用高而预防性维修费用低的产品；当买方投资预防性维修后，在产品全生命周期内，卖方越早开始实施预防性维修且实施的时间越长，对双方越有利，双方更易获得双赢。对于大型装备产品而言，采用买方投资预防性维修费用的保修策略，能给买卖双方带来较大的收益。与其他优化算法相比，该算法具有较好的性能。本书提出的保修服务模型，能够实际应用在出售大型装备类产品的企业（卖方）中，有效降低其保修费用，同时能够为拥有大型装备类产品生产的企业（买方）提供一种有效避免产品故障停机的保证性服务模式。本书主要的创新点包括：

1）考虑大型装备产品故障停机对买方的重大影响，提出了买方投资产品保修期内预防性维修的保修模型，获得了双方双赢的区间，并获得了满足双赢时双方各自的最优费用。

2）考虑保修期结束后，买方仍然面临由于大型装备类产品故障停机而带来的巨大经济损失，提出了买方投资产品全生命周期预防性维修的保修模型，引入了经济中折现因子的概念以使模型计算费用时更加准确，获得了双方双赢的区间以及最优的预防性维修策略。

3）为了能更好地求解模型，设计了搜索算子和种群结构，研究了一个新颖的优化算法。

6.2　展望

虽然本书提出的产品保修期内和全生命周期内的买方投资预防性维修费用的保修模型，能够有效避免大型装备类产品的故障停机给买方带来的巨大经济损失，具有一定的实际应用价值，但是研究中也发现了值得进一步研究的方面：

1）在保修期内和产品全生命周期内的保修模型中，卖方均执行定期预防性维修，而定期预防性维修的维修方式易产生欠维修和过维修的情况，前者则可能会形成潜在的故障隐患，后者预防性维修次数多则会给卖方产生较大的费用。基于产品退化状态的预防性维修，由于可以实时监控产品的退化状态，所以可以较为准确地确定预防性维修时刻，从而可以避免上述两种情况的发生。因此，可进一步研究买方投资预防性维修，卖方为其进行基于状态的预防性维修的保修模型。

2）本书研究了买方投资预防性维修的保修模型，模型假设引起产品退化的因素仅与时间有关，即基于时间的一维保修模型。而在实际中，引起产品退化的因素很多（如产品的使用时间、使用程度等），因此与一维保修策略相比，二维保修策略能够更恰当地反映实际情况，可进一步研究买方投资预防性维修的二维保修模型。

3）目前仅单纯研究了一个新颖的优化算法，可进一步针对模型特点（如模型变量离散和连续混合问题、大规模问题和计算费时等）设计研究相应的优化算法。

参考文献

[1] 刘志杰,邝圆晖,黄洪钟.产品保修研究概况和发展趋势[J].质量与可靠性,2006(2):
    19-22.

[2] 刘军.面向大型装备产品生命周期的生产设备集成运行模式及支持技术研究[D].重
    庆:重庆大学,2010.

[3] WU S. Warranty claim analysis considering human factors[J]. Reliability Engineering & Sys-
    tem Safety,2011,96(1):131-138.

[4] FANG C C,HUANG Y S. A study on decisions of warranty,pricing,and production with in-
    sufficient information[J]. Computers & Industrial Engineering,2010,59(2):241-250.

[5] MONGA A,ZUO M J. Optimal system design considering maintenance and warranty[J].
    Computers & operations research,1998,25(9):691-705.

[6] WANG J,ZHOU Z,PENG H. Flexible decision models for a two-dimensional warranty poli-
    cy with periodic preventive maintenance[J]. Reliability Engineering & System Safety,2017,
    162:14-27.

[7] MO S,ZENG J,XU W. A new warranty policy based on a buyer's preventive maintenance
    investment[J]. Computers & Industrial Engineering,2017,111:433-444.

[8] CHEN J A,CHIEN Y H. Renewing warranty and preventive maintenance for products with
    failure penalty post-warranty[J]. Quality and Reliability Engineering International,2007,23
    (1):107-121.

[9] YEH R H,CHEN M Y. Optimal preventive-maintenance warranty policies for repairable
    products with age-dependent maintenance costs[J]. International Journal of Reliability,
    Quality and Safety Engineering,2005,12(02):111-125.

[10] PARK M, JUNG K M, PARK D H. Optimization of periodic preventive maintenance policy following the expiration of two-dimensional warranty[J]. Reliability Engineering & System Safety, 2018, 170:1-9.

[11] VAN DER WEIDE J A M, PANDEY M D, VAN NOORTWIJK J M. Discounted cost model for condition-based maintenance optimization[J]. Reliability Engineering & System Safety, 2010, 95(3):236-246.

[12] AHMAD R, Kamaruddin S. An overview of time-based and condition-based maintenance in industrial application[J]. Computers & Industrial Engineering, 2012, 63(1):135-149.

[13] YE Z S, SHEN Y, XIE M. Degradation-based burn-in with preventive maintenance[J]. European Journal of Operational Research, 2012, 221(2):360-367.

[14] SCHUTZ J, REZG N, LÉGER J B. Periodic and sequential preventive maintenance policies over a finite planning horizon with a dynamic failure law[J]. Journal of Intelligent Manufacturing, 2011, 22(4):523-532.

[15] MUJAHID S N, RAHIM M A. Optimal preventive maintenance warranty policy for repairable products with periodically increasing failure rate[J]. International Journal of Operational Research, 2010, 9(2):227-240.

[16] SANA S S. Preventive maintenance and optimal buffer inventory for products sold with warranty in an imperfect production system[J]. International Journal of Production Research, 2012, 50(23):6763-6774.

[17] HUYNH K T, CASTRO I T, BARROS A, et al. Modeling age-based maintenance strategies with minimal repairs for systems subject to competing failure modes due to degradation and shocks[J]. European Journal of Operational Research, 2012, 218(1):140-151.

[18] JARDINE A K S, LIN D, BANJEVIC D. A review on machinery diagnostics and prognostics implementing condition-based maintenance[J]. Mechanical Systems and Signal Processing, 2006, 20(7):1483-1510.

[19] PENG Y, DONG M, ZUO M J. Current status of machine prognostics in condition-based maintenance: a review[J]. The International Journal of Advanced Manufacturing Technology, 2010, 50(1-4):297-313.

[20] 张晓红. 多部件系统维修决策及维修与备件库存联合决策研究[D]. 太原:太原科技大

学,2015.

[21] DO VAN P, VOISIN A, LEVRAT E, et al. Condition-based maintenance with both perfect and imperfect maintenance actions[C]//Proceedings of Annual Conference of the Prognostics and Health Management Society. 2012:05508-900.

[22] SHEU S H, GRIFFITH W S. Multivariate age-dependent imperfect repair[J]. Naval Research Logistics(NRL), 1991, 38(6):839-850.

[23] WANG H, PHAM H. Optimal age-dependent preventive maintenance policies with imperfect maintenance[J]. International Journal of Reliability, Quality and Safety Engineering, 1996, 3(2):119-135.

[24] DOYEN L, GAUDOIN O. Classes of imperfect repair models based on reduction of failure intensity or virtual age[J]. Reliability Engineering & System Safety, 2004, 84(1):45-56.

[25] TANWAR M, RAI R N, BOLIA N. Imperfect repair modeling using Kijima type generalized renewal process[J]. Reliability Engineering & System Safety, 2014, 124:24-31.

[26] SHAFIEE M, CHUKOVA S. Maintenance models in warranty: A literature review[J]. European Journal of Operational Research, 2013, 229(3):561-572.

[27] BLOCK H W, BORGES W S, SAVITS T H. Age-dependent minimal repair[J]. Journal of Applied Probability, 1985:370-385.

[28] CHIEN Y H. A general age-replacement model with minimal repair under renewing free-replacement warranty[J]. European Journal of Operational Research, 2008, 186(3):1046-1058.

[29] CHUKOVA S, HAYAKAWA Y, JOHNSTON M R. Two-dimensional warranty: minimal / complete repair strategy[J]. Advanced Reliability Modeling Ⅱ: Reliability Testing and Improvement. 2006:361-368.

[30] CHUKOVA S, HAYAKAWA Y. Warranty cost analysis: non-zero repair time[J]. Applied Stochastic Models in Business and Industry, 2004, 20(1):59-71.

[31] MATIS T I, JAYARAMAN R, RANGAN A. Optimal price and pro rata decisions for combined warranty policies with different repair options[J]. IIE Transactions, 2008, 40(10): 984-991.

[32] CHUKOVA S, JOHNSTON M R. Two-dimensional warranty repair strategy based on minimal and complete repairs[J]. Mathematical and Computer Modelling, 2006, 44(11-12):

1133-1143.

[33] CUI L, KUO W, LOH H T, et al. Optimal allocation of minimal & perfect repairs under resource constraints[J]. IEEE Transactions on Reliability, 2004, 53(2):193-199.

[34] GUPTA S K, DE S, CHATTERJEE A. Some reliability issues for incomplete two-dimensional warranty claims data[J]. Reliability Engineering & System Safety, 2017, 157:64-77.

[35] WANG H. Warranty cost models considering imperfect repair and preventive maintenance[J]. Bell Labs Technical Journal, 2006, 11(3):147-159.

[36] YUN W Y, MURTHY D N P, JACK N. Warranty servicing with imperfect repair[J]. International Journal of Production Economics, 2008, 111(1):159-169.

[37] VARNOSAFADERANI S, CHUKOVA S. An imperfect repair strategy for two-dimensional warranty[J]. Journal of the Operational Research Society, 2012, 63(6):846-859.

[38] HUANG H Z, LIU Z J, MURTHY D N P. Optimal reliability, warranty and price for new products[J]. Iie Transactions, 2007, 39(8):819-827.

[39] MURTHY D N P, DJAMALUDIN I. New product warranty: A literature review[J]. International Journal of Production Economics, 2002, 79(3):231-260.

[40] XIE W. Optimal pricing and two-dimensional warranty policies for a new product[J]. International Journal of Production Research, 2017, 55(22):6857-6870.

[41] SU C, WANG X. Optimal Upgrade Policy for Used Products Sold with Two-dimensional Warranty[J]. Quality and Reliability Engineering International, 2016, 32(8):2889-2899.

[42] SAIDI-MEHRABAD M, NOOROSSANA R, SHAFIEE M. Modeling and analysis of effective ways for improving the reliability of second-hand products sold with warranty[J]. The International Journal of Advanced Manufacturing Technology, 2010, 46(1-4):253-265.

[43] WANG X, XIE M, LI L. On optimal upgrade strategy for second-hand multi-component systems sold with warranty[J]. International Journal of Production Research, 2019, 57(3): 847-864.

[44] LEE H, CHA J H, FINKELSTEIN M. On information-based warranty policy for repairable products from heterogeneous population[J]. European Journal of Operational Research, 2016, 253(1):204-215.

[45] CHIEN Y H. Optimal periodic replacement policy for a GPP repairable product under the free-

repair warranty[J]. Quality Technology & Quantitative Management,2019,16(3):347-354.

[46] YEH R H,CHEN G C,CHEN M Y. Optimal age-replacement policy for nonrepairable products under renewing free-replacement warranty[J]. IEEE Transactions on Reliability,2005, 54(1):92-97.

[47] WU S,XIE M. Warranty cost analysis for nonrepairable services products[J]. International Journal of Systems Science,2008,39(3):279-288.

[48] JUNG K M. Two stage maintenance policy under non-renewing warranty[J]. Journal of the Korean Data and Information Science Society,2016,27(6):1557-1564.

[49] JUNG K M,PARK M,PARK D H. Optimal maintenance strategy for non-renewing replacement-repair warranty[J]. Applied Stochastic Models in Business and Industry,2012,28(6): 607-614.

[50] CHIEN Y H. The effects of a renewing free-replacement warranty on the discrete age replacement policy[J]. IEEE Transactions on Reliability,2012,61(2):389-397.

[51] CHEN Z,ZHAO T,LUO S,et al. Warranty cost modeling and warranty Length Optimization under Two types of failure and combination free replacement and Pro-Rata warranty[J]. IEEE Access,2017,5:11528-11539.

[52] RAO B M. A decision support model for warranty servicing of repairable items[J]. Computers & Operations Research,2011,38(1):112-130.

[53] CHIEN Y H,ZHANG Z G,YIN X. On optimal preventive-maintenance policy for generalized Polya process repairable products under free-repair warranty[J]. European Journal of Operational Research,2019,279(1):68-78.

[54] CHIEN Y H. The effect of a pro-rata rebate warranty on the age replacement policy with salvage value consideration[J]. IEEE Transactions on Reliability,2010,59(2):383-392.

[55] STAMENKOVIĆ D,POPOVIĆ V,SPASOJEVIĆ-BRKIĆ V,et al. Combination free replacement and pro-rata warranty policy optimization model[J]. Journal of Applied Engineering Science,2011,9(4):457-464.

[56] CHUKOVA S,SHAFIEE M. One-dimensional warranty cost analysis for second-hand items:an overview[J]. International Journal of Quality & Reliability Management,2013.

[57] TIAN Z,JIA Y,LI X,et al. Modelling upgrading maintenance policy in the one-dimensional

renewing warranty period[J]. Journal of Shanghai Jiaotong University (Science), 2016, 21 (6):737–743.

[58] PARK M, JUNG K M, PARK D H. Optimal maintenance strategy under renewable warranty with repair time threshold[J]. Applied Mathematical Modelling, 2017, 43:498–508.

[59] HUANG Y S, GAU W Y, HO J W. Cost analysis of two–dimensional warranty for products with periodic preventive maintenance[J]. Reliability Engineering & System Safety, 2015, 134:51–58.

[60] YE Z S, MURTHY D N P, XIE M, et al. Optimal burn–in for repairable products sold with a two–dimensional warranty[J]. IIE Transactions, 2013, 45(2):164–176.

[61] YE Z S, MURTHY D N P. Warranty menu design for a two–dimensional warranty[J]. Reliability Engineering & System Safety, 2016, 155:21–29.

[62] PARK M, PHAM H. Cost models for age replacement policies and block replacement policies under warranty[J]. Applied Mathematical Modelling, 2016, 40(9–10):5689–5702.

[63] HE S, ZHANG Z, ZHANG G, et al. Two–dimensional base warranty design based on a new demand function considering heterogeneous usage rate[J]. International Journal of Production Research, 2017, 55(23):7058–7072.

[64] CHANG W L, LIN J H. Optimal maintenance policy and length of extended warranty within the life cycle of products[J]. Computers & Mathematics with Applications, 2012, 63(1): 144–150.

[65] CHIEN Y H, ZHANG Z G. Analysis of a hybrid warranty policy for discrete–time operating products[J]. IIE Transactions, 2015, 47(5):442–459.

[66] DIALLO C, VENKATADRI U, KHATAB A, et al. Optimizing Combination Warranty Policies Using Remanufactured Replacement Products from the Seller and Buyer's Perspectives [C]//International Conference on Operations Research and Enterprise Systems. Springer, Cham, 2017:224–239.

[67] CHIEN Y H. Determining optimal warranty periods from the seller's perspective and optimal out–of–warranty replacement age from the buyer's perspective[J]. International Journal of Systems Science, 2005, 36(10):631–637.

[68] CHIEN Y H. The effects of a free–repair warranty on the discrete–time periodic replacement

policy[J]. International Journal of Production Economics, 2012, 135(2):832-839.

[69] SAMATLI-PAÇ G, TANER M R. The role of repair strategy in warranty cost minimization: An investigation via quasi-renewal processes[J]. European Journal of Operational Research, 2009, 197(2):632-641.

[70] ALQAHTANI A Y, GUPTA S M. End-of-life product warranty[C]//Proceedings of Northeast Decision Sciences Institute(NEDSI)Conference, Cambridge. 2015.

[71] JUNG K M. Optimization of cost and downtime for periodic PM model following the expiration of warranty[J]. Journal of the Korean Data & Information Science Society, 2008, 19: 587-596.

[72] JUNG K M, PARK M, PARK D H. System maintenance cost dependent on life cycle under renewing warranty policy[J]. Reliability Engineering & System Safety, 2010, 95(7):816-821.

[73] MADANI H, ROCCATELLO E. A comprehensive study on the important faults in heat pump system during the warranty period[J]. International Journal of Refrigeration, 2014, 48:19-25.

[74] GIRI B C, MONDAL C, MAITI T. Analysing a closed-loop supply chain with selling price, warranty period and green sensitive consumer demand under revenue sharing contract[J]. Journal of Cleaner Production, 2018, 190:822-837.

[75] SU C, ZHAO J. A review for customized extended warranty policies[C]//2017 Second International Conference on Reliability Systems Engineering(ICRSE). IEEE, 2017:1-5.

[76] HUANG Y S, HUANG C D, HO J W. A customized two-dimensional extended warranty with preventive maintenance[J]. European Journal of Operational Research, 2017, 257(3): 971-978.

[77] TONG P, SONG X, ZIXIAN L. A maintenance strategy for two-dimensional extended warranty based on dynamic usage rate[J]. International Journal of Production Research, 2017, 55(19):5743-5759.

[78] KIM D K, LIM J H, PARK D H. Optimization of post-warranty sequential inspection for second-hand products[J]. Journal of Systems Engineering and Electronics, 2017, 28(4):793-800.

[79] XIE W, LIAO H, ZHU X. Estimation of gross profit for a new durable product considering warranty and post-warranty repairs. IIE Transactions, 2014, 46(2):87-105.

[80] SHANG L, CAI Z. Optimal replacement policy of products with repair-cost threshold after

the extended warranty[J]. Journal of Systems Engineering and Electronics, 2017, 28 (4):
725-731.

[81] SHAHANAGHI K, NOOROSSANA R, JALALI-NAINi S G, et al. Failure modeling and opti-
mizing preventive maintenance strategy during two-dimensional extended warranty contracts
[J]. Engineering Failure Analysis, 2013, 28:90-102.

[82] MANNA D K, PAL S, SINHA S. Optimal determination of warranty region for 2D policy: A
customers' perspective[J]. Computers & Industrial Engineering, 2006, 50(1):161-174.

[83] SU C, WANG X. A two-stage preventive maintenance optimization model incorporating
two-dimensional extended warranty[J]. Reliability Engineering & System Safety, 2016,
155:169-178.

[84] SHANG L, SI S, SUN S, et al. Optimal warranty design and post-warranty maintenance for
products subject to stochastic degradation[J]. IISE Transactions, 2018, 50(10):913-927.

[85] SHAHANAGHI K, HEYDARI M. Two-dimensional extended warranty cost analysis for
multi-component repairable products[J]. International Journal of Mathematical Models and
Methods in Applied Sciences, 2013, 7(3):247-256.

[86] BOUGUERRA S, CHELBI A, REZG N. A decision model for adopting an extended warranty
under different maintenance policies[J]. International Journal of Production Economics,
2012, 135(2):840-849.

[87] SHAFIEE M, FINKELSTEIN M, ZUO M J. Optimal burn-in and preventive maintenance
warranty strategies with time-dependent maintenance costs[J]. IIE Transactions, 2013, 45
(9):1024-1033.

[88] YEH R H, LO H C. Optimal preventive-maintenance warranty policy for repairable products
[J]. European Journal of Operational Research, 2001, 134(1):59-69.

[89] TAO N, ZHANG S. The optimal extended warranty length of durable-goods-based preventive
maintenance behaviour[J]. Systems Science & Control Engineering, 2015, 3(1):472-477.

[90] SHAFIEE M, ASGHARIZADEH E. Optimal burn-in time and imperfect maintenance strate-
gy for a warranted product with bathtub shaped failure rate[J]. International Journal of Col-
laborative Enterprise, 2011, 2(4):263-274.

[91] SHAFIEE M, FINKELSTEIN M, CHUKOVA S. Burn-in and imperfect preventive mainte-

nance strategies for warranted products[C]//Proceedings of the Institution of Mechanical Engineers, Part O: Journal of Risk and Reliability, 2011, 225(2): 211-218.

[92] CUI Q, BAYRAKTAR M E, HASTAK M, et al. Use of warranties on highway projects: A real option perspective[J]. Journal of Management in Engineering, 2004, 20(3): 118-125.

[93] BAI J, PHAM H. Cost analysis on renewable full-service warranties for multi-component systems[J]. European Journal of Operational Research, 2006, 168(2): 492-508.

[94] PASCUAL R, ORTEGA J H. Optimal replacement and overhaul decisions with imperfect maintenance and warranty contracts[J]. Reliability Engineering & System Safety, 2006, 91 (2): 241-248.

[95] WU J, XIE M, NG T S A. On a general periodic preventive maintenance policy incorporating warranty contracts and system ageing losses[J]. International Journal of Production Economics, 2011, 129(1): 102-110.

[96] KIM C S, DJAMALUDIN I, MURTHY D N P. Warranty and discrete preventive maintenance [J]. Reliability Engineering & System Safety, 2004, 84(3): 301-309.

[97] WANG X, SU C. A two-dimensional preventive maintenance strategy for items sold with warranty[J]. International Journal of Production Research, 2016, 54(19): 5901-5915.

[98] SHI Y, EBERHART R C. Empirical study of particle swarm optimization[C]//Proceedings of the 1999 congress on evolutionary computation-CEC99(Cat. No. 99TH8406). IEEE, 1999, 3: 1945-1950.

[99] 蔡星娟, 曾建潮. 个性化微粒群算法研究[D]. 太原: 太原科技大学, 2008.

[100] RATNAWEERA A, HALGAMUGE S K, WATSON H C. Self-organizing hierarchical particle swarm optimizer with time-varying acceleration coefficients[J]. IEEE Transactions on Evolutionary Computation, 2004, 8(3): 240-255.

[101] RIGET J, VESTERSTRØM J S. A diversity-guided particle swarm optimizer-the ARPSO[J]. Dept. Comput. Sci., Univ. of Aarhus, Aarhus, Denmark, Tech. Rep, 2002, 2: 2002.

[102] SILVA A, NEVES A, COSTA E. An empirical comparison of particle swarm and predator prey optimization[C]//Irish Conference on Artificial Intelligence and Cognitive Science. Springer, Berlin, Heidelberg, 2002: 103-110.

[103] MENDES R, KENNEDY J, NEVES J. The fully informed particle swarm: simpler, maybe bet-

ter[J]. IEEE Transactions on Evolutionary Computation, 2004, 8(3): 204-210.

[104] KENNEDY J, MENDES R. Population structure and particle swarm performance[C]//Proceedings of the 2002 Congress on Evolutionary Computation. CEC'02(Cat. No. 02TH8600). IEEE, 2002, 2: 1671-1676.

[105] KENNEDY J. Small worlds and mega-minds: effects of neighborhood topology on particle swarm performance[C]//Proceedings of the 1999 congress on evolutionary computation-CEC99(Cat. No. 99TH8406). IEEE, 1999, 3: 1931-1938.

[106] KENNEDY J, MENDES R. Neighborhood topologies in fully informed and best-of-neighborhood particle swarms[J]. IEEE Transactions on Systems, Man, and Cybernetics, Part C (Applications and Reviews), 2006, 36(4): 515-519.

[107] Solis F, Wets R. Minimization by random search techniques[J]. Mathematics of Operations Research, 1981, 6 (1):19-30.